पूजा के फूल

पूजा के फूल

मालती जोशी

मनु प्रकाशन
दिल्ली-110032

ISBN 81-86265-06-6

संस्करण : 2024

प्रकाशक : मनु प्रकाशन
1/6678, गली नं. 3, सतना मार्केट
पूर्वी रोहतास नगर, शाहदरा, दिल्ली-110032
फोन : 22324833

अक्षर संयोजक : शब्दांकन लेजर प्रिंटर्स
नवीन शाहदरा, दिल्ली-110032

मुद्रक : बी. के. ऑफसेट
नवीन शाहदरा, दिल्ली-110032

PUJA KE PHOOL (Collection of Short Stories)
***by* Malti Joshi**

कुसुम दीदी को
जो मेरी साहित्य-यात्रा के
पहले पड़ाव की भी साक्षी रही हैं

अनुक्रम

एक सार्थक दिन

नल पर बर्तनों के खनकने के साथ ही दिलीप की आंख खुल गयी। उसे इतनी कोफ्त हो आयी। जब जागना सचमुच जरूरी होता था, तब अलार्म सिरहाने घनघनाता रहता पर उसकी कुंभकर्णी नींद पर आंच न आती। अब उसी नींद को पता नहीं क्या हो गया है, रात देर तक नहीं आती और फिर इधर इतने सवेरे से आंख खुल जाती है।

"अरे भई, तुमसे कितनी बार कहा है कि भरी हुई बाल्टियां मत उठाया करो।" भाई साहब भाभी को डांट रहे थे।

"तो क्या करूं! आप लोगों के जागने की बाट जोहते हुए नल थोड़े ही बैठे रहेंगे", भाभी ने हांफते हुए उत्तर दिया। इन दिनों उनकी आवाज भी उनके शरीर की तरह शिथिल होती जा रही है।

"तुम चलकर रसोई देखो, कोई नहीं जागेगा तो मैं तो हूं", भाई साहब ने मंजन करते हुए कहा–"इतनी सुबह उठता किसलिए हूं।"

वैसे भाभी की स्थिति पर तरस खाकर दिलीप उठने को ही था, पर भाई साहब के शब्दों पर उसे ताव आ गया, वह चादर और अच्छी तरह लपेटकर सो गया। जितनी देर की बेगार बच जाये उतनी ही बहुत है, उसने सोचा। एक बार बिस्तर छोड़ने के बाद तो उसे कोई चैन नहीं लेने देगा। आटा पिसवाना, सब्जी लाना, पप्पू को खिलाना, बाबूजी की दवाई लाना, ठाकुर मौसी के यहां अम्मां का कोई संदेश पहुंचाना–अनजाने ही ये सारे काम धीरे-धीरे उसके गले पड़ गये हैं। जब वह पढ़ाई के लिए दूर होस्टल में था, तब भी तो ये काम होते ही रहे होंगे। फिर?

कानों में रुई-सी देकर वह काफी देर तक बिस्तर में पड़ा रहा। पर हर बात की एक सीमा होती है। आखिर उठना ही पड़ा। ब्रश करते-करते दीवार पर लगे आईने में अपना चेहरा देखा–बाल बेतरह बढ़ गये थे। वह आठ दिनों से टालता आ रहा था। पर आज?...उसे जैसे एकदम शॉक-सा लगा। आज तो उसे उज्जैन इंटरव्यू देने जाना है। और वह गधे की तरह पड़े-पड़े इतनी देर तक सोता रहा।

उसने बुश्शर्ट की जेब से पर्स निकालकर पैसे गिने। दो दो के नोट और कुछ रेजगारी थी। यह तो एक तरफ का किराया मुश्किल से बन रहा था। और फिर कटिंग तो बेहद जरूरी थी। इंटरव्यू में न जाना होता तो वह दो-चार दिन और भी निकाल देता। पर अब क्या करे?

भाई साहब के पास जाने का मन न हुआ। बेचारे कभी मना नहीं करते। खुद ही हर महीने 25-30 रुपये उसके हाथ पर जेब-खर्च के लिए रख देते हैं। पर उतनी-सी पूंजी के सहारे कितने दिन कट पाते हैं। रोज पोस्टल ऑर्डर्स खरीदना, रोज अर्जियां टाइप करवाना, रोज-रोज रजिस्ट्री से एप्लीकेशन्स भेजना। फिर इंटरव्यू के लिए बुलावा आ जाता है तो आशा भरे मन से कभी रतलाम, कभी धार, कभी खरगोन भागना। पच्चीस-तीस रुपये से होता क्या है? पर अभी मांगे भी तो कैसे? महीने की बाईस तारीख है आज।

उसने किचन से झांककर देखा, भाई साहब अचार-रोटी का नाश्ता कर रहे थे, अम्मां उनका टिफिन भर रही थीं। चाय की तलब को कुछ देर के लिए मुल्तवी कर दिलीप लौट आया। सोचा, तब तक भाभी से बटन ही लगवा लें। ये धोबी लोग इतने शरारती हो गये हैं बिना बटन तोड़े कभी कपड़ा नहीं लायेंगे!

''भाभी!'' उसने कमरे में जाते हुए आवाज दी।

''क्या है?'' भाभी ने तल्खी के साथ पूछा। वह सहमकर रह गया। क्या यह वही भाभी हैं जो उसके आगे-पीछे घूमा करती थीं? वह लौट रहा था कि भाभी को शायद अपनी भूल का अहसास हो गया। मनुहार-भरे स्वर में बोलीं–''क्या कह रहे थे भैया! सच, ये बच्चे कभी-कभी इतना परेशान कर देते हैं कि दिमाग खराब हो जाता है।''

''कुछ नहीं भाभी! पेपर मांगने आया था। सोचा, 'वान्ट्स' देख लूं आज, क्या निकली हैं।''

पेपर लेकर वह बाहर बरामदे में आकर बैठ गया। सोचा, क्या भाभी ने

उसके कंधे पर पड़ी कमीज भी न देखी होगी? या देखकर अनदेखा कर गयीं? वह अखबार पर यूं ही नजरें दौड़ा रहा था कि भाई साहब अपना बैग और टिफिन लेकर बाहर निकले। हड़बड़ी में एक नजर पेपर पर डालकर सड़क पर आ गये। महूं लोकल छूट जाने का डर जो था।

ठीक उसी समय सामने वाले सक्सेना और उनकी पत्नी बाहर निकले। सक्सेना साहब की बहन राहुल को लिये खिड़की में खड़ी थी। राहुल पापा-मम्मी को टाटा कर रहा था और मिसेस सक्सेना रोज की तरह विजी को ढेर से निर्देश दे रही थीं—महाराजिन पर नजर रखना, राहुल को दो बार ड्रॉप्स दे देना, महरी से गेहूं जरूर बिनवा लेना...

दिलीप के मुख पर एक विकृत-सी मुस्कान तैर गई। सक्सेना की बहन और वह एक ही अवस्था से गुजर रहे हैं। अनब्याही लड़की और बेकार लड़का। दोनों ही घर पर भार होते हैं। घर में हैं, सिर्फ इसलिए कि उठाकर बाहर फेंकते नहीं बनता। इसीलिए दुनिया-भर की बेगार उनके सिर आ जाती है।

"दिलीप!" मां ने चाय के लिए आवाज दी तब कहीं जाकर उसकी तंद्रा टूटी।

"अम्मां, कटिंग बनवानी है", चाय पीते हुए उसने कहा।

अम्मां चुप बनी रहीं। उन्हें खूब मालूम था, इस सूचना का अर्थ क्या है। पर वे चुप बनी रहीं।

"क्या रुपये-दो रुपये भी नहीं होंगे?" उसने आजिजी से पूछा।

अम्मां एकदम फट पड़ीं—"तेरे बाबूजी ने कभी मुझे इस लायक समझा भी है। सतीश ही बेचारा कुछ-न-कुछ देता रहता है। पर वह भी कहां तक करे। आखिर उसकी भी तो गृहस्थी है।"

अम्मां का यह बिसूरना पता नहीं कितनी देर चलता रहता। घबराकर वह रसोई से भाग खड़ा हुआ। अम्मां की इस करुण गाथा में उसकी अकर्मण्यता का भी थोड़ा-सा हिस्सा है, इसका एहसास उसे था।

पेपर अब बाबूजी के पास था। वे बरामदे में खंबे से टिककर उकड़ूं बैठे हुए जोर-जोर से हेडलाइंस पढ़ रहे थे। उन्हें चाय का कप थमाते हुए अम्मां ने बात उठाई—"दीपू कटिंग बनवाने के लिए कह रहा है।"

पर चाय का दूसरा कप भी कारगर न हुआ। बाबूजी एकदम भड़क उठे—"तुम्हारे इस राजकुमार के मारे तो मैं तंग आ गया हूं। अभी कमाना शुरू

नहीं किया और नखरे देखो, लड़कियों को मात दे रहे हैं।"

"आपने फिर उसकी कमाई की बात छेड़ी! देख नहीं रहे हैं बेचारा रात-दिन एक किये दे रहा है!"

"मैं कहां मना करता हूं भई, पर जरा हाथ रोककर खर्च करना चाहिए। जब देखो तब लांड्री में कपड़े धुलने जा रहे हैं, प्रेस होने जा रहे हैं। अब बताओ, ये काम क्या घर पर नहीं हो सकते? और कटिंग भी सैलून में करायेंगे। अब सुक्खी क्या बुरा है। पर इन्हें तो डेढ़ रुपये वाली कटिंग ही चाहिए। झूठी शान में मरे जा रहे हैं सब।"

"आप तो बस—दुनिया कहां से कहां पहुंच गई है और आप वही पुराना राग लेकर बैठे हैं। आखिर चार लोगों के बीच उठना-बैठना उसे है कि आपको! आजकल तो दफ्तर वाले भी मरे कपड़ों को देखकर ही रीझते हैं।"

"तो रीझा क्यों नहीं अभी तक! इन्हें तो ऐसी नौकरी चाहिए कि इनके कपड़ों की क्रीज न खराब हो। कितनी बार कहा है लाला धनीराम के पास चले जाओ। पर नहीं साहब, घटिया नौकरी ये नहीं करेंगे।"

इससे ज्यादा सुनना दिलीप की बरदाश्त के बाहर हो गया। उसने चप्पल पहनी, पैसे जेब में डाले और सड़क पर चला आया। न सही इंटरव्यू पर कटिंग तो आज वह करवाकर ही रहेगा। उसे बाबूजी पर बेहद ताव आ रहा था। अरे पैसे न देने हों तो न दो, पर यह बात-बात पर लेक्चर किसलिये?

यही बाबूजी थे। पिछले साल भाई साहब ने अपने एक दोस्त के कोल्ड स्टोरेज में उसे लगवा देना चाहा था तो कितना बरस पड़े थे। भाई साहब को उस दिन पता नहीं क्या-क्या सुना डाला था। और आज खुद ही धनीरामजी के हार्डवेयर स्टोर में काम करने के लिए जोर डाल रहे हैं। हूं!

"देखकर चलिए मिस्टर।" दिलीप चौंका। वह एक साइकिल वाले से टकराते-टकराते बचा था। सफेद झक् कमीज, नीली टेरीकाट की पैंट पहने वह व्यक्ति सीटी बजाता हुआ मस्ती से चला जा रहा था। कैरियर पर चमकीले स्टपल में लिपटी पुस्तकें टिकी थीं। किसी कॉलेज का विद्यार्थी लग रहा था।

"और दो-चार साल मौज कर लो बेटा", दिलीप ने मन-ही-मन कहा—"फिर तो पटरी पर आना ही है। सब आटे-दाल का भाव पता चल जाएगा।" सच तो यह था कि उस बेफिक्रे से युवक को देखकर दिलीप ईर्ष्या से सुलग उठा था। उसका मन फिर उस मौज-मस्ती वाले जीवन में लौट जाने

को मचल उठा था।

इतवार नहीं था, फिर भी सैलून में भारी भीड़ थी। वह बाहर खड़ा सोचता रहा कि देश में बेकारी बढ़ गई है। तभी तो बुधवार के दिन इतने लोग इत्मीनान से सैलून में बैठे हुए हैं। क्या पता इन सबको भी कहीं इंटरव्यू में जाना हो। पर क्या इन लोगों के यहां भी इसी तरह का नाटक हुआ होगा जैसे वह भुगतकर आ रहा है? उसे हंसी आ गई।

"किस बात पर हंस रहे हो उस्ताद!"

दिलीप ने चौंककर देखा, एक दुबला-पतला-सा लड़का पता नहीं कब से उसके पास आकर खड़ा हो गया है। चेहरे से वह मुश्किल से 14-15 का लग रहा था पर बीड़ी पीने का अंदाज बड़ों-बड़ों को मात करने वाला था।

"अभी से बीड़ी पीते हो?" दिलीप ने पूछा।

उत्तर में लड़के ने धुएं का एक कलात्मक छल्ला उछाल दिया।

"मां-बाप नाराज नहीं होते?"

"कौन उनकी कमाई से पीता हूं।" उसका दो टूक उत्तर आया। आवाज एकदम निर्भीक, लापरवाह किस्म की।

उसकी इस बेफिक्री से दिलीप को ईर्ष्या हो आई। पता नहीं किस सोच में भरकर बोला—"प्यारे, कमाई करने को तो यहां भी तरस रहे हैं। पर काम तो मिले।"

वह लड़का हंसा—"काम बाबुओं को नहीं मिलता। हम लोगों के लिये तो काम-ही-काम है। चलो मेरे साथ, चाहे जितना काम दिला दूं।"

उसका आत्मविश्वास सचमुच गजब का था। पर दिलीप को तो हैरत में डाला था उसकी आत्मीयता ने। क्या सचमुच मुझे यह लड़का अपने जैसा ही मान बैठा? सैलून में लगे बेशुमार आईनों में उसने झांककर देखा—उसका अपना ही प्रतिबिंब उसे मुंह चिढ़ाता-सा लगा। वह सोकर जैसा उठा था वैसा ही चला आया था। बदन पर नाइट सूट था—यह नाइट सूट उसने कॉलेज में प्रवेश लेते समय सिलवाया था। उन दिनों इसकी अलग ही शान थी। पर अब इतने वर्षों में उसका रंग-रूप एकदम धुल-पुंछ गया था। केवल मजबूरी में दिलीप इसे चला रहा था। उसके बिखरे हुए बाल, बढ़ी हुई दाढ़ी—सचमुच इस समय वह किसी कोने से भी 'बाबू' टाइप नहीं लग रहा था। लाचारी और असहायता ने शायद पढ़ाई की रही-सही छाप भी पोंछ डाली थी।

मंत्रमुग्ध-सा वह उस लड़के के पीछे चला आया। स्टेशन के उस पार—ऑटो गैरेजेस की एक कतार-की-कतार थी। अपने एक रईस दोस्त की गाड़ी में बैठकर वह एकाध बार इस तरफ आया भी था। पर आज का आना एकदम कल्पनातीत था। उन्हीं दुकानों में से एक के सामने खड़े होकर लड़के ने कहा—"उस्ताद! हेल्पर चाहिए था ना! ये आ गये हैं।"

'उस्ताद' अपने भारी-भरकम शरीर को तहमद में लपेटे एक ट्रक के नीचे लेटे थे। लड़के की आवाज पर बाहर निकल आये। अंगोछे से पसीना पोंछते हुए उन्होंने दिलीप को ऊपर से नीचे तक दो-तीन बार देखा और फिर कर्कश स्वर में पूछा—"क्या काम जानते हो?"

"जी, वेल्डिंग आती है", आसपास कौंधती वेल्डिंग की रोशनियों ने जैसे दिलीप को उत्तर बता दिया। उस्ताद ने संतुष्ट होकर गर्दन हिलाई और उसे काम का स्वरूप समझाने लगे। उनकी आवाज कर्कश थी और हर दो शब्द के साथ गाली निकलती थी। काम भी उतना सरल नहीं था। कॉलेज के वर्कशॉप में जो ज्ञान प्राप्त किया था वह कितना कम था इसका उसे अहसास होने लगा। उस अपरिचित वातावरण से थोड़ी घबराहट-सी होने लगी। पर वह डटा रहा। वह तो जैसे सिर पे कफन बांधकर घर से चला था।

लड़के का झोंटा पकड़कर उस्ताद ने उसे दुबारा कटिंग के लिये भेजा और लौटते समय खाना ले आने के लिये कहा। भूख तो दिलीप को भी लग रही थी पर जब तामचीनी की प्लेटों में तंदूरी रोटियां और उड़द की दाल आई तो वह बहाना बना गया और काम करता रहा। हां, दो बार कांच के गिलासों में आयी मरियल चाय उसने जरूर पी। एक बार तो पैसे भी खुद दिये।

शाम तक थककर चूर हो गया दिलीप। लौटने लगा तो उस्ताद ने पीठ ठोंककर उसे शाबासी दी और उसके हाथ में साढ़े छः रुपये रख दिये तो वह विस्मित होकर उन पैसों को देखता रह गया।

"ठीक है ना?" उस्ताद ने पूछा।

"जी, बिल्कुल ठीक है", रुपयों को मुट्ठी में दबाये वह बाहर निकल आया। अपने सिफारिशकर्ता को उसने सिगरेट का एक पैकेट खरीद दिया। फिर सैलून में जाकर कटिंग बनवा डाली। बचे पैसों से उसने साबुन की एक खुशबूदार बट्टी खरीदी और बच्चों के लिये गोलियां तथा गुब्बारे। यह सब करते-करते घर पहुंचा तब तक दीया-बाती हो चुकी थी।

उसे दूर से देखते ही पिंकी-पप्पू चिल्ला उठे—"चाचा आ गये, चाचा आ गये।" अम्मां और भाभी उस आवाज पर ऐसी दौड़ी चली आयीं मानो वह बरसों बाद घर लौटा हो। वह समझ गया कि रात तक नहीं लौटता तो जरूर ये लोग कुआं-बावड़ी तलाशना शुरू कर देते।

जरूर अम्मां दिन-भर बाबूजी से लड़ी होंगी। उन्होंने कोई प्रसाद भी बोला हो तो आश्चर्य नहीं।

अम्मां की, भाभी की आंखों में ढेरों प्रश्न थे। पर उसने जान-बूझकर उन्हें अनदेखा कर दिया और सीधे बाथरूम में घुस गया। नये खुशबूदार साबुन से देर तक नहाता रहा, दिन-भर की गर्द और मैल छुटाता रहा। धुले कपड़े पहनकर जब वह कंघी कर रहा था तो अपनी ही शक्ल पर रीझ गया। सच, उस्ताद अभी देखे तो पहचान भी न पाये। मैले चीकट नाइट सूट को लांड्री में डालने के लिये उसने कागज में लपेट लिया था। पर फिर पता नहीं क्या सोचकर वह बंडल खाट के नीचे सरका दिया। रखा रहे, काम आयेगा कभी...

दिन-भर का भूखा था वह, आज खाना भी खास उसकी पसंद का बना था। पर थाली पर बैठे-बैठे ही उसकी आंखों में नींद घिर आई। दिन-भर का वृत्तांत सुनने के लिए अम्मां व्याकुल थीं पर वह उबासियां लेने लगा था।

"जा, चलकर सो जा, दिन-भर का थका-हारा होगा", अम्मां ने कहा तो वह फौरन उठ आया। अभी मुश्किल से 8.30 बज रहे थे पर उसका रोम-रोम बिस्तर की शरण लेने के लिए व्याकुल था। बिस्तर पर जाते ही उसे नींद आ गयी। कान घर-भर की हलचल का जायजा लेते रहे। अम्मां नल के नीचे बर्तन जमा कर रही थीं। भाई साहब बाबूजी का बिस्तर लगा रहे थे। बाबूजी पान लेने के लिये नुक्कड़ तक निकल गये थे। कुनमुनाते पप्पू को भाभी कंधे पर डाले घूम रही थीं।

किसी अलिखित नियम के कारण ये सारे काम आजकल दिलीप के हो गये थे। पर उसके मन में इस समय कोई कांटा नहीं था। वह अब छककर सोना चाहता था। एक सार्थक दिन को इन निरर्थक कामों में खोने की उसकी इच्छा नहीं थी।

मेहमान

"हेम की मां!"

बाहर से किसी ने आवाज दी तो गुझियों को गीले कपड़े से ढंककर वे बाहर निकल आईं। सच, ऐसा खराब मोहल्ला है। मजाल है जो वे कोई चीज छुपाकर बना लें। फौरन जैसे सुगंध पहुंच जाती है सबके यहां।

बाहर आकर देखा, बिल्लू की मम्मी थी, "इधर से निकली थी तो सोचा हेम के हालचाल पूछती चलूं", उन्होंने क्षमायाचना के स्वर में कहा–"मथुराइन बता रही थी कि हेम कल जा रही है।"

"हां, कल ही का टिकट बना है।"

"इतनी जल्दी भेज रही हैं?"

"अरे जल्दी कहां, तीन तारीख को पूरा महीना हो जाएगा।"

"तो क्या हुआ चाची। दो साल बाद आई है। दो महीने तो..."

"अरे बहू, अब अपना कोई जोर है? अब तो वह पराई अमानत है। जितने दिन के लिए भेज दें, बहुत है।"

"हां, सो तो है। पर देखिए न, महीना बीत गया और पता ही नहीं चला। लगता है जैसे कल ही आई हो।"

"सच तो है।" बिल्लू की मम्मी को किसी तरह विदा करके वे फिर से रसोई में आ गईं। दुबारा कड़ाही चढ़ाते हुए उन्होंने सोचा–सच ही तो है। महीना बीत गया और पता ही नहीं चला। कल को वह फिर अपने घर चली जाएगी। पता नहीं फिर कब आना हो।

जब आने को थी, तब मन में कितना हुलास था। हेम आएगी तो ये बनाएंगे, वो खिलाएंगे। यहां ले जाएंगे, उनसे मिलवाएंगे। ये कहेंगी, वो सुनाएंगी—पर कहां? सोचा हुआ कुछ भी तो नहीं हुआ। हेम की सहेलियां और रिश्ते की भाभियां मिलकर सारा समय चट कर गईं। एक मिनट को भी लड़की उनके हिस्से में नहीं आती।

और सब तो ठीक है—पर काछी मोहल्ले वाले माईथान पर ले जाने की बड़ी साध थी। वह भी पूरी नहीं हुई। वहां हर मंगलवार को एक के ऊपर माई आती है। जरा पूछ ही लेती कि हेम के बेटा कब होगा। पर आजकल की लड़कियों को इन बातों में विश्वास ही कहां रहा है। हेम तो हाथ जोड़कर कहती है—"बस अम्मां, बहुत हो गया, दो के आगे सोचना भी अब पाप है। और फिर अब तो लड़के और लड़की में कोई फर्क ही नहीं रहा।"

बस, बात वहीं दब जाती। यही क्यों और भी तो कितनी बातें मन की मन में रह गई हैं। कहें तो कब कैसे कहें। हेम की शादी के बाद से वे एक तरह से अकेली पड़ गई हैं। मन की बात कह सकें ऐसा घर में कोई भी नहीं है। बहू से तो हर बात कही नहीं जाती न। बहू का व्यवहार भी तो सातों दिन एक-सा नहीं रहता। उस समय विजय भी कितना पराया लगने लगता है। इनसे कुछ कहने जाओ तो घुड़क देंगे।—बस, शुरू कर दिया न सास-बहू वाला रगड़ा। तुम लोगों को उसके बिना नींद नहीं आती।

विनय तो बस खाने और सोने भर को घर में आता है। कहने को डॉक्टरी पढ़ रहा है पर यह नहीं होता कि कभी अम्मां के पास बैठकर हालचाल ही पूछ ले। कई बार कैसा-कैसा दर्द उठा करता है—कभी सीने में, कभी पेट में। कभी जोड़ जम से जाते हैं। कभी सिर पर जैसे हथौड़े से पड़ने लगते हैं। कभी पांव मन-मन भर के हो जाते हैं। तब चुपचाप पड़ी रहती हूं। क्या करूं! घड़ी-भर पास बैठने की फुरसत किसके पास है। बस, भागमभाग मची रहती है।

सबसे ज्यादा क्लेश किए हैं हेम के बाबूजी। पेंशन क्या हुई है, मुसीबत आ गई है। चौबीसों घंटे घर में बैठे चिड़चिड़ाते रहते हैं। जिंदगी-भर बेचारी बाबूजी के लिए खटती रही हैं। हाथ बांधे हाजरी में खड़ी रही हैं। पर अब उनका भी तो बुढ़ापा है। पहले की-सी दौड़-भाग अब होती है भला? पर बाबूजी को जैसे इसका ध्यान ही नहीं है। उन्हें समझाए भी तो कौन? लड़कों को तो जैसे खाने

को दौड़ते हैं। हेम ही पास बैठकर शांति से जरा समझा देती तो ठीक था। पर लड़की तो जब से आई, तब से चकरघिन्नी-सी घूम रही है।

अम्मां के लिए, बाबूजी के लिए उसके पास एक मिनट का समय नहीं है। एक तो ढेर सारी सहेलियां। उनसे समय बचेगा तो ननद-भौजाई कभी सिनेमा चली जाएंगी। कभी बाजार निकल जाएंगी। छुट्टी के दिन तो भाई भी शामिल हो जाते हैं। उस दिन फिर या तो लालघाटी का प्रोग्राम बनता है या बिरला मंदिर का। उनसे कोई झूठमूठ को भी नहीं पूछता। सब जैसे मानकर चलते हैं कि वे नहीं जाएंगी।

बहू ने पूरे पंद्रह दिन की छुट्टी ले ली हैं। कह रही थी—"मांजी, मैंने दीदी के लिए छुट्टियां बचाकर रखी थीं। बेचारी इतने दिनों के बाद तो आई हैं। यहां भी आकर रसोई में हलकान होती रहें—अच्छा नहीं लगता।"

ननद-भौजाई का ऐसा प्यार देखकर पड़ोसिनें ईर्ष्या से जल मरती हैं। कल ही मथुराइन कह रही थी—"हेम की मां, बड़ी भागवान हो तुम। बहू तो सचमुच लक्ष्मी है तुम्हारी। हमारे यहां तो बिंदो का नाम सुनकर ही माथे पर बल पड़ जाते हैं। तीन-तीन कमाऊ वीर हैं। पर राखी, भाईदूज पर पांच रुपल्ली का मनीऑर्डर भी कोई नहीं करता।"

"अम्मां, कहां हो?"

हेम आंधी की तरह रसोई में घुस आई थी। चूल्हे की लकड़ी खींचकर वे वहीं बैठी रह गई थीं।

"अम्मां! देखो हम क्या लाए हैं।" हेम ने बच्चों की तरह किलकते हुए कहा। उन्होंने प्लास्टिक का झीना आवरण खोलकर देखा—साड़ी थी। गहरी हरी चिकनी जमीन पर सफेद और लाल गुलाब खिले हुए थे।

"क्या कपड़ा है रे ये?"

"चायना सिल्क है अम्मां! जानती हो कितने की है? कीमत सुनोगी तो गश खा जाओगी।"

"कितने की है?" उन्होंने कांपते स्वर में पूछा।

"पूरे दो सौ की है। इतना मना करती रही पर भाभी मानी ही नहीं।"

उनका चेहरा एकदम बुझ गया। उन्हें पचास-पचास के वे दो नोट याद आए जो सुबह बाबूजी ने विजय को दिए थे। यहां तो अकेली साड़ी ही दो

सौ की है। उनके दिल पर ऐसा हौल बैठ गया कि रिंकी, मिंटी के कपड़ों की ओर देखा तक नहीं। बेचारी अपनी-अपनी फ्रॉक का डिब्बा लिए नानी के सामने खड़ी रहीं, फिर निराश होकर बाहर निकल गईं।

हेम जब कपड़े बदलने चली गई तो उनका उतरा हुआ चेहरा देखकर बहू ने पूछा—"क्या हुआ मांजी? साड़ी पसंद नहीं आई क्या?"

"नहीं रे। साड़ी तो बहुत अच्छी है। पसंद क्यों नहीं आएगी भला। पर इतनी महंगी लाने की क्या जरूरत थी?"

"अब इतने दिनों बाद तो दीदी आती हैं। फिर हम कौन-सी दस-पांच साड़ियां दे रहे हैं। एक ही है तो वह तो ढंग की हो। ससुराल में दिखाते हुए अच्छा तो लगे।"

"और बच्चों के कपड़े?"

"सब हो गया है मांजी। आप चिंता न करें।"

बहू की उतनी-सी बात के लिए उन्होंने उसके सारे अपराधों को मन-ही-मन क्षमा कर दिया।

"अम्मां, बाबूजी कहां हैं?" हेम पूछ रही थी।

"तेरे लिए रजाई भरवाने गए हैं।"

"आपको...अम्मां! मैंने तो मजाक किया था। हमारे यहां रजाई के लायक ठंड पड़ती कहां है?"

"मैंने तो मना किया था, पर इस घर में मेरी कोई सुनता भी है। तेरे बाबूजी तो आजकल इतने जिद्दी हो चले हैं कि बस।"

"अम्मां।" हेम का स्वर एकदम सख्त हो आया।

"अम्मां, इस बार बाबूजी बहुत थके से लगे। बहुत दुबला गए हैं।"

"बुढ़ापे का शरीर है बेटा।"

"सच अम्मां, चलने-फिरने की ताकत है तब तक तुम लोग कहीं घूम-फिर लो। बाबूजी भी अब फ्री हैं और तुम्हें भी घर-गृहस्थी की चिंता नहीं है।"

"विनय की पढ़ाई तो हो ले।"

"उसकी पढ़ाई से तुम्हें क्या लेना है। वह कोई बच्चा है अब? रहा रोटी-पानी का सवाल तो उसके लिए भाभी हैं तो। देवर-भाभी में खूब पटती भी

है। तुम लोग निश्चिंत होकर जा सकते हो।"

अब हेम को कोई क्या बताए कि घर में कैसे-कैसे नाटक होते रहते हैं। जरा-सी बात का बतंगड़ हो जाता है और फिर दो-दो दिन तक विनय घर का रुख नहीं करता, पढ़ाई के बहाने होस्टल में किसी दोस्त के यहां पड़ा रहता है।

और घूमने जाना क्या इतना सहज है? उसके लिए गठरी-भर रुपए चाहिए। कहां से आएंगे? हेम की शादी का कर्ज ही अभी नहीं उतरा। विजय की शादी भी बिलकुल मुफ्त में तो हुई नहीं। फिर विनय की पढ़ाई है। दो बूढ़े प्राणियों की दवाइयां हैं। तीज-त्योहार हैं।

कई बार तो बहू सुनाकर कहती भी है—"सबका करते-कराते तो हम बुढ़ा ही जाएंगे।" वे सुनती हैं और खून का घूंट भरकर रह जाती हैं। बहू पर गुस्सा भी आता है और प्यार भी। क्या करें बेचारी। उसकी तो सारी नई-नवेली उमंगें कोरी ही रह गई हैं। बुरा तो उन्हें भी लगता है, पर क्या करें। विनय की पढ़ाई पूरी होने तक किसी तरह सब्र करना ही है। फिर वे लोग विनय के पास रह जाएंगे। विजय को कुछ राहत मिलेगी।

पर विनय की बहू कैसी होगी?

हेम जाते हुए बार-बार कह रही थी—"अम्मां, तुम और बाबूजी सचमुच बहुत भाग्यवान हो। ऐसे आज्ञाकारी बेटे, ऐसी सुशील बहू भला आजकल कहीं ढूंढने से भी मिलते हैं। इससे ज्यादा और आदमी को चाहिए भी क्या। यह समझ लो कि सारे सुख तुम्हारी झोली में आ गए हैं। बस, अब प्रेम से भजन-पूजन करती रहो।"

उन्होंने कोई प्रतिवाद नहीं किया। व्यर्थ ही कुछ कहकर उसे दुखाने की इच्छा नहीं हुई! बेचारी खुशी-खुशी जा रही थी, निश्चिंत भाव से विदा हो रही थी। उसका मन क्यों खराब करें। उसके अपने घर में क्या कम परेशानियां हैं? लकवे की मारी सास है, कर्कश जिठानी है, ब्याहने को बैठी दो ननदें हैं।

यहां बेचारी के चार दिन हंसी-खुशी में कट गए, बहुत हुआ।

सुबह-सुबह मकान मालकिन ने हेम को चाय पर बुलाया था। यह उनका हमेशा का दस्तूर था। चलते समय हेम को ब्लाउज पीस और बच्चों को रुपए भी दिए थे। हेम सदा की तरह उनका गुणगान करते हुए ही लौटी थी। उस समय यह बात उनके होंठों तक आते-आते रह गई थी कि मालकिन की

चिकनी-चुपड़ी बातों में कोई दम नहीं है। उन्हें मकान खाली करने का नोटिस मिल चुका है। दो महीने की मोहलत मिली है।

सब जानते हैं कि दो महीने में कोई चमत्कार नहीं हो जाएगा। यह भी मालूम है कि इतने कम किराए में अब इतना बड़ा मकान मिलने वाला नहीं है। तीन सौ देने के बाद भी तीन कमरे ढंग के नहीं मिलते। और रेलगाड़ी के से उन डिब्बों में कहां तो बेटा-बहू रहेंगे और कहां वे दोनों प्राणी। और कहां बैठकर विनय पढ़ाई करेगा। और सौ-पचास यहीं बढ़ा देते तो कोई बात नहीं थी। पर मालकिन को बेटे की शादी करनी है। उन्हे मकान चाहिए, रुपए नहीं।

हेम से यह सारी गाथा कह भी देतीं तो क्या हो जाता? पर नहीं कहा गया।

स्टेशन से लौटते उन लोगों को नौ बज गए थे।

"जगह तो अच्छी मिल गई थी न?" उन्होंने अधीर होकर पूछा।

"जगह तो मिलनी ही थी मांजी। रिजर्वेशन होता किसलिए है।"

"साथ वाली सवारियां ढंग की तो थीं न?"

"अम्मां, विनय साथ में है। सब देख लेगा। तुम चिंता मत करो।" विजय ने आश्वस्त किया।

"तेरे बाबूजी कहां रह गए?"

"मंदिर निकल गए हैं। खाने के लिए मना किया है।"

'गाड़ी लेट थी क्या?"

"हां, ढाई घंटे?"

अब क्या पूछें। वे चुप होकर बैठ गईं, जैसे सारे प्रश्न चुक गए हों। रिंकी-मिंकी के बारे में पूछना चाह रही थीं कि नानी को याद तो नहीं किया। पर मजाक के डर से नहीं पूछा।

बहू तब तक कपड़े बदलकर आ गई थी।

"मांजी, आपके लिए कुछ गरम बना दूं?"

"तुम लोग क्या खाओगे?"

"सुबह की थोड़ी-सी पूड़ियां रखी हैं। साग भी है शायद।"

"तो चल, वही थोड़ा-सा खा लेते हैं। भूख तो मुझे भी नहीं है, पर बिना

खाए मरी नींद भी तो नहीं आती।"

फिर तीनों वहीं रसोई में ही बैठ गए। सुबह की ठंडी पूड़ियां, ठंडी सब्जी और थोड़ा-सा अचार, बस।

पूरे घर में एक सन्नाटा-सा खिंच आया था। महीने-भर जैसे एक उत्सव चल रहा था, जो अब समाप्त हो गया था। एक त्योहार था, जो बीत गया था।

शांत-क्लांत जीवन अपने पुराने ढर्रे पर लौट रहा था, धीरे-धीरे।

पूजा के फूल

क्यू में खड़े-खड़े उसे आधा घंटा हो चला था। इतना ही समय शायद और लगेगा। उसके पांव तो अभी से जवाब दे रहे थे। कोई बेंच भी खाली न थी। पता नहीं ये लोग इतनी कम बेंचें क्यों डलवाते हैं, जबकि मरीजों की संख्या दिन पर दिन बढ़ती ही जा रही है। उससे आगे वाली महिला वहीं पसरकर बैठ गई थी। उसका भी बड़ा मन हो रहा था, पर सुरेश का डर था। जरूर वह यहीं कहीं खड़े होंगे। उसने तो कह दिया था, तुम खाना खाकर दफ्तर चले जाना। पर वह गए ही होंगे, यह जरूरी नहीं था।

अपने निर्णय पर अब उसे पश्चात्ताप होने लगा था। सुरेश ने तो पहले ही कहा था कि अस्पताल में वे ही लोग जा सकते हैं जिनके पास समय हो अथवा जिनकी पहुंच हो। पर वह खुद ही अड़ गई थी। बेकार बंगले पर जाकर 15-20 रुपए दक्षिणा फूंकने में क्या तुक है। पंद्रह दिन पहले ही तो उसे अस्पताल से छुट्टी मिली है। तभी डॉक्टर ने कहा था कि दवाइयां खत्म हो जाएं तो एक बार दिखा लीजिएगा। बस, इतनी जरा-सी बात तो अस्पताल में आकर भी पूछी जा सकती है। पति-पत्नी में अच्छा-खासा विवाद हो गया था। वह अपनी बात पर अड़ गई थी। बहुत बेमन से ही सुरेश ने सुबह यहां लाकर छोड़ा था। उसने कह भी दिया था, बस मुझे छोड़कर चले जाना। पर अब पछतावा हो रहा है। पैदल चलकर घर पहुंचना क्या सरल है! सुरेश ने तो कह दिया था, टैक्सी कर लेना। पर कल को खुद ही मजाक बनाएंगे कि डॉक्टर के पैसे बचाकर क्या मिला? टैक्सी की चपत तो पड़ ही गई।

उमा राव...! उसका नाम आते ही वह चौंकी। अपना साज-सामान एक

बार फिर अच्छे से समेटकर उसने कमरे में प्रवेश किया।

"नमस्ते डॉक्टर साहब।" चेहरे पर मुस्कान बिखेरते हुए उसने कहा। पर सामने दृष्टि जाते ही उसकी मुस्कान जैसे जम गई। मेज के उस पार क्या वही महिला बैठी है जिसके बंगले पर पिछले दिनों वह चार-पांच बार हो आई है? इस रूखे चेहरे पर तो परिचय की एक हल्की-सी रेखा भी नहीं है।

"कहिए?" सीधा-सपाट प्रश्न आया।

"जी वो दवाइयां, मेरा मतलब है, जो आपने लिखी थीं, मतलब अस्पताल से जब छुट्टी मिली थी...!" वह बौखला गई थी और बौखलाहट में हकलाने लगी थी।

"प्रिस्क्रिप्शन है?"

"जी?" उसने मिमियाते हुए कहा था। घबराहट में पूरी पर्स उलट दी, तब जाकर कागज का वह टुकड़ा बरामद हुआ।

"वो डिस्चार्ज कार्ड तो होगा आपके पास?"

"जी?" उसने फिर पर्स का समुद्र-मंथन किया और कागज का एक और पुर्जा निकालकर पकड़ा दिया।

"ये डिस्चार्ज रिपोर्ट नहीं है, कैमिस्ट की रसीद है।"

इस बार उस आवाज में हेडमिस्ट्रेस का-सा रुताब और तल्खी थी।

वह फिर पर्स टटोलने लगी थी। यह जानते हुए भी कि डिस्चार्ज कार्ड वह लाई ही नहीं है। उस कागज को उसने इतनी अहमियत भी नहीं दी थी। सुरेश की सारी हिदायतें कैमिस्ट की रसीदों के लिए होती हैं। मेडिकल बिल जो बनाना होता है।

"जल्दी कीजिए। बाहर और भी मरीज हैं।"

"जी, वो डिस्चार्ज वाला कागज तो भूल आई हूं घर पर। बस, आप गोलियों के बारे में बता देतीं।"

"ऐसे कैसे बता दूं? दिन में पचास मरीज देखती हूं। सबके ब्यौरे याद थोड़े ही रहते हैं। कागज तो सामने होना ही चाहिए न।"

"तो चलूं?" उसने असहाय भाव से कहा। डॉक्टर किसी महत्त्वपूर्ण फाइल में डूब गई थीं। उन्होंने उमा की बात जैसे सुनी ही नहीं। हताश होकर वह बाहर चली आई। पांव मन-मन भर के हो रहे थे। सुबह पांच बजे से उठकर दौड़-भाग की थी, तब कहीं घर का काम समेट पाई थी। खाना बनाकर रख

आई थी सो अच्छा ही हुआ। नहीं तो बच्चों को और उनके पापा को भूखे ही जाना पड़ता। पर यह सारी तपस्या अब व्यर्थ हो चुकी थी। एक अवसाद-भरी थकान उसे व्याप गई।

वह सचमुच थककर चूर हो गई थी। फिर भी मना रही थी कि वे दफ्तर निकल गए हों। नहीं तो छूटते ही पूछेंगे, लेकिन वे गेट पर ही मिल गए।

''चलें?'' उन्होंने पूछा। वह चुपचाप साथ हो ली। रास्ते-भर कोई कुछ नहीं बोला। खड़खड़िया साइकिल ही सड़क से बतियाती रही।

''सुनो!'' घर पहुंचते ही सुरेश ने कहा, ''मैंने बीच में आकर खाना खा लिया था। अब ऑफिस जा रहा हूं। कुछ दवाइयां वगैरह लानी हों तो बता दो। लौटाते हुए लेता आऊंगा।''

उत्तर में वह एकदम फफककर रो दी। अपमान का वह अंश फिर एक बार नए सिरे से उसे आहत कर गया।

''क्या हुआ?'' सुरेश ने घबराकर पूछा। उसकी रुलाई के आवेग से वे सचमुच डर गए थे। कहीं कैन्सर वगैरह तो नहीं बता दिया। आजकल तो ये जैसे एक आम नाम हो गया है। जैसे कभी मलेरिया या टाइफाइड हुआ करता था। डॉक्टरों का तो कुछ खर्च होता नहीं है। बस, जरा-सी जबान-भर हिलानी होती है, पर सुनने वालों का तो दम ही निकल जाता है।

''ठीक से बताओ भई, क्या हुआ?'' उन्होंने जरा बेजारी से पूछा। तब कहीं वह अपने अपमान की गाथा रुक-रुककर सुना पाई।

सुनकर हंस दिए सुरेश, ''सरकारी अस्पतालों में तो यही सब होता है। तुम क्या समझी थीं, कोई तुम्हारे लिए स्वागत गीत गाएगा या पलक-पांवड़े बिछाएगा?''

अपना सारा क्षोभ गुटककर चुप हो गई वह। अब इस व्यक्ति को कोई कैसे समझाए कि इतने परिचित चेहरे पर अपरिचय की अभिव्यक्ति कितना कष्ट देती है।

चार-पांच दिन यूं ही निकल गए।

इस बीच वह बेहद थकी-थकी-सी बनी रही। काम तो खैर सब हो ही रहे थे, पर उनमें रस नहीं रह गया था। बस, मशीनी ढंग से सब-कुछ करके वह पड़ रहती। कहीं घूमने जाने का भी मन नहीं होता।

"सुनो!" एक दिन सुरेश ने कहा, "तुम्हारा एक बार चेकअप बहुत जरूरी है। कितनी पीली-पीली लग रही हो।"

"हमें नहीं जाना है कहीं।" उसने बच्चों की तरह मुंह फुलाकर कहा।

"अरे, तो क्या दुनिया में एक वही डॉक्टर है?"

उसने फिर हीला-हवाला नहीं किया।

ऑटोरिक्शा जब फिर उसी बंगले के सामने रुका, तो उसने तड़पकर पति की ओर देखा।

"'उतरो भई। डॉक्टर से रूठकर तुम ठीक तो नहीं हो जाओगी।"

उसका मन हुआ कि इसी रिक्शे पर बैठकर लौट जाए, पर इस तरह बिना दिखाए जाने से तो सुरेश नाराज होंगे, उसने सोचा। पहली बार साइकिल पर डबल सीट आए थे दोनों, तो किसी ने तवज्जुह नहीं दी थी। तब से डॉक्टर की फीस के साथ यह खर्च और जुड़ गया है। सच, इस महानगर में सैकंडहैंड ही सही, पर स्कूटर एक बहुत जरूरी है।

अपनी बारी की प्रतीक्षा में वह मुंह फुलाए बैठी रही। पति मेज पर रखी फिल्मी पत्रिकाएं पढ़ते रहे। बच्चों के कारण घर पर ये सब पत्रिकाएं लाना उन लोगों ने एकदम बंद कर दिया था।

"चलिये।" आयाबाई ने आकर कहा, तो वह बेमन से उठी। उसे सहारा देने का बहाना करते हुए सुरेश भी साथ-साथ उठ आए।

"गुड मॉर्निंग डॉक्टर।"

"गुड मॉर्निंग मिस्टर राव!" वही सदाबहार मुस्कान, "हाऊ इज शी नाऊ?"

"वैसे तो ठीक हैं। बट शी इज फीलिंग डिप्रेस्ड। पीली-पीली भी लग रही हैं। बहुत जल्दी थक जाती हैं। दरअसल एक शादी में जा रहे थे हम लोग। सोचा, पहले आपसे पूछ लें कि जा सकते हैं कि नहीं। इसके बाद ही रिजर्वेशन कराएंगे।"

फिर सुरेश ने एक पीला कागज निकालकर मेज पर रखते हुए कहा, "पिछले हफ्ते मैं जरा टूर पर चला गया था। वो क्या है कि इनके सारे पेपर्स मेरे ही पास रहते हैं।"

"वही तो, उस दिन ये हॉस्पिटल आई थीं तो..."

"अकेली थीं न!" सुरेश ने उनकी बात काटते हुए कहा—"बंगले पर इतनी दूर आने की हिम्मत नहीं पड़ी। हॉस्पिटल के लिए तो ऐसा है कि साथ मिल

जाता है।''

मंद-मंद मुस्कराते हुए डॉक्टर ने सारे केस पेपर्स फिर से देखे। उन्हें फाइल करने का तरीका बताया। फिर सुरेश को बाहर भेजकर जांच की। वह पूरे वक्त रूठे हुए बच्चे की तरह मुंह फुलाए रही।

''ऐसा करते हैं, एक इंजेक्शन का कोर्स और लगवा लेते हैं।'' डॉक्टर ने सुरेश को पर्ची पकड़ाते हुए कहा, ''अगले महीने फिर देख लेंगे।''

नमस्कार के साथ अपनी जेब हल्की करके वे लोग बाहर निकल आए। गेट के बाहर दो ऑटोरिक्शा खड़े ही थे। पर उन्हें अनदेखा कर वे सड़क पर बढ़ लिए।

''तुम बस से घर चली जाओ, मैं इंजेक्शन लेकर आता हूं।'' सुरेश ने कहा, ''आते हुए असलम भाई से भी कहता आऊंगा।''

''क्या इंजेक्शन नस में लगेगा?''

''हां, वही पिछले वाले जुड़वां इंजेक्शन हैं न।''

''मेरा हाथ बिलकुल छलनी ही कर देंगे, बस।''

''तुम अभी से उसका दुःख मत पालो। इसी से सब गड़बड़ होती है।''

उसके बाएं हाथ की नस मिलती ही नहीं है। दाहिना हाथ बार-बार इंजेक्शन लगने से एकदम भारी हो गया है। घर में काम करना उसके लिए कठिन हो गया है। 8-10 दिन अच्छे आराम से कट गए थे। अब फिर एक दिन छोड़कर वही चक्कर शुरू हो जाएगा। उस पर ये कहते हैं, तुम दुःख मत पालो।

ये तो शुक्र है कि असलम भाई का हाथ बहुत अच्छा है। पता भी नहीं चलता। पर बाद में तो कष्ट होता ही है। हर बार पांच रुपए उन्हें भी देने होते हैं। फिर भी अस्पताल में इंजेक्शन लगवाने से लाख दर्जे अच्छा है। दो बार वह भी भुगत चुकी है वह। तभी किसी ने असलम भाई का नाम सुझाया था। एक क्लास टू ऑफिसर की पत्नी इंजेक्शन के लिए लाइन में खड़ी रहे, यह सुरेश को भी अच्छा नहीं लगता था। कहते रहते हैं, घर में चाहे दाल-रोटी खा ले आदमी, लेकिन बाहर तो इज्जत से ही निकलना चाहिए।

बस, यह साइकिल ही सारा शो मार देती है। एक स्कूटर जरूरी हो गया है। हर बार कोई न कोई अप्रत्याशित खर्च सामने आ जाता है। पिछले 6 महीनों से तो वह खुद ही बीमार चल रही है। पता नहीं कितना रुपया फुंक गया है।

सुरेश तो कई बार गुस्से में आकर शीशियों के कागज फाड़ चुके हैं। कहते हैं, "बस, सबकी कीमत ही पढ़ती रहो तुम। तभी तो दवाइयां असर नहीं करतीं।"

"सुनो, पांच का नोट है तुम्हारे पास?"

"नहीं तो, क्यों?"

"असलम के लिए चाहिए थे।"

"क्यों पैसे नहीं हैं क्या?"

"पैसे हैं बाबा, बहुत हैं।" सुरेश ने खीझकर कहा, "खुले-खुले देना जरा अच्छा नहीं लगता।"

"उससे क्या फर्क पड़ता है? पांच देना है, कैसे भी दे दो। और सुनो, इंजेक्शन मैं इस हाथ पर नहीं लूंगी।"

"सुन तो लिया बाबा। अब कितनी बार कहोगी।"

फिर भी उमा को संतोष नहीं हुआ। असलम भाई के आते ही उसने ऐलान कर दिया कि नस वाला इंजेक्शन वह बाएं हाथ पर ही लगवाएगी।

"जैसी आपकी मर्जी।" वे मुस्कराकर बोले, "उस पर ही लगा देते हैं।"

लेकिन जितनी सहजता से वे कह गए यह काम उतना ही कठिन साबित हुआ। सामान्य इंजेक्शन तो कब लग गया पता ही नहीं चला, पर नस ढूंढते समय उनके छक्के छूट गए और असलम भाई स्पिरिट का फाहा और सिरिंज लेकर नस तलाश रहे थे। दोनों पसीना-पसीना हो आए। पर उसे न मिलना था, न मिली। चार-पांच जगह खून जरूर निकल आया।

"अब?"

"अब कुछ नहीं।" वह झटके से उठ बैठी और अपनी बांह को देखती रही।

"वैरी सॉरी।" असलम ने कहा, "मुझे अससोस है।"

"कोई बात नहीं।" सुरेश ने कहा और तश्तरी में एक-एक के पांच नोट रखकर सामने कर दिए।

असलम ने उनमें से दो नोट उठा लिए। सलाम किया और उठ खड़े हुए।

"अरे, यह क्या?"

"जी बस एक इंजेक्शन लगाया है। एक ही के पैसे लूंगा।"

"अरे ऐसा क्यों सोचते हैं आप? आपने कोशिश तो पूरी-पूरी की है।"

"उससे क्या फर्क पड़ता है सर! भाभीजी को इतनी तकलीफ भी तो दी।

बल्कि मैं तो बहुत शर्मिन्दा हूं। अच्छा जी चलूं, परसों हाजिर होऊंगा।''

उन्होंने फिर एक बार सलाम किया और अपना छोटा-सा बैग उठाकर चले गए।

सुरेश बड़ी देर तक तश्तरी में रखे नोटों को देखते रहे। फिर धीरे से बोले—''उमा! तुम्हारी रामायण कहां है?''

''तिपाई पर रखी है, क्यों?''

''मैं ये नोट उसमें रख दूंगा।''

''क्यों?''

''उमा, मैं कागज के इन टुकड़ों में बसी इंसानियत की महक को सहेजना चाहता हूं।''

और सचमुच उन्होंने वे रुपए उठाकर माथे से यूं लगा लिए जैसे पूजा के फूल हों।

तौलिए

''हाय दीदी! मेरा तौलिया तो एकदम अचार से महक रहा है।'' मैंने ठुनकते हुए कहा।

''महकेगा क्यों नहीं। खाना खाकर उसी से हाथ पोंछ लिए होंगे। इतनी भी अक्ल नहीं है कि सफर में एकाध नैपकिन भी साथ रखना चाहिए।''

घर में पांव देते ही यह डांट खाकर मेरा चेहरा इतना-सा निकल आया। भला हो बेचारे जीजाजी का। सहायता के लिए तुरंत दौड़े चले आए।

''अरे सुशी। जरा-से तौलिये के लिए मन छोटा कर रही है। चल इधर आ।''

और उन्होंने मुझे ले जाकर एक अलमारी के सामने खड़ा कर दिया। खोलकर देखा, ऊपर के दोनों तल्ले रंग-बिरंगे तौलियों से भरे हुए हैं। नीचे चादरें ठुंसी हुई हैं।

''अरे आपने तो दुकान खोल रखी है।''

''चिंता मत करो। तुम्हें फ्री में दे देंगे।''

''लेकिन—इतने सारे!''

''अरे पगली—ये तो सिर्फ मेहमानों के लिए हैं। घर का स्टॉक अलग है।''

मैं विस्फारित नेत्रों से उन्हें देखती-भर रही।

''क्यों, तुम्हें आश्चर्य हो रहा है?''

''आश्चर्य नहीं होगा क्या? जीजाजी, हम तो उस घर में बड़े हुए हैं जहां घर-भर के लिए एक ही तौलिया हुआ करता था। अब तो खैर भाभी के आने से व्यवस्था काफी बदल गई है, सबके पास अपने तौलिये हैं। पर अम्मां अब

भी इसे फैशन का नाम देती हैं और बाबूजी इसे फिजूलखर्ची मानते हैं।''

''सुशी!'' दीदी की धारदार आवाज मेरी बात को काटती चली गई, ''पहले नहा ले झटपट। बात करने के लिए पूरा दिन पड़ा है।''

दीदी का बाथरूम देखा—सच, मजा आ गया। सब-कुछ साफ-सुथरा, जगमग करता हुआ। गरमागरम पानी, खुशबूदार साबुन, धुला-धुला तौलिया—सफर की थकान पल-भर में उड़नछू हो गई।

मैं आंगन में कपड़े फैला रही थी कि दीदी दौड़ी आई।

''अरे, यह क्या? कपड़े क्यों धो डाले?''

''तो क्या हुआ दीदी। हमें तो आदत है।''

लेकिन तभी मैंने देखा, दीदी एकटक बाल्टी को देखे जा रही हैं।

''क्या हुआ?'' मैंने घबराकर पूछा।

''कपड़े इसी में धोए हैं क्या? पगली, यह तो नहाने वाली बाल्टी है कपड़े वाली उधर रखी तो थी।''

''सबमें चिट लगाकर रख दिया करो न। हमें कोई सपना थोड़े ही आया था।'' मैं मन ही मन बुदबुदाई और सर्फ लेकर बाल्टी रगड़ने बैठ गई।

''मैडम, भूख नहीं लगी है क्या?'' पता नहीं जीजाजी कब पीछे आकर खड़े हो गए थे। पर गुस्से के मारे मैंने उनकी ओर देखा भी नहीं, बस अपना काम करती रही।

''उस बेजुबान बाल्टी पर तो तरस खाओ। उसे तो यह सजा दुबारा भुगतनी ही है।''

''मतलब?''

''जब तक खुद नहीं कर लेंगी, उन्हें संतोष थोड़े ही आएगा। इसीलिए तो कह रहा हूं—लीव इट।''

यहां भी किसे शौक चर्राया था। सब वैसे ही फेंक-फांककर उठी और किचन में आ गई।

''लाइए दीदी, कुछ करवाएं?'' मैंने औपचारिकता बरती।

''बस, सब तैयार ही है। तुम एक-एक चीज मेज पर पहुंचाती जाओ।'' दीदी ने कहा और सब्जी का डोंगा लेकर जैसे ही मुड़ी, ठिठककर रह गई।

''अपने बाल तो बांधो पहले।''

''अभी गीले हैं दीदी।''

"तो क्या हुआ? खाने के बाद खोल देना।"

सच, कभी-कभी हद करती हैं ये भी। मैं पैर पटकते हुए बाहर आ गई। दीदी का शाही ड्रेसिंग टेबल बेडरूम के परदे से झांक रहा था। पर वहां जाने की इच्छा ही नहीं हुई। क्या पता कौन-सा कंघा गीले बालों का है और कौन-सा सूखे बालों का। हो सकता है, शिकाकाई और शैम्पू वाले बालों के भी अलग-अलग कंघे हों।

मेरा सामान ऊपर अतुल के कमरे में पहुंच गया था। संदूक पर बैठकर मैंने डोलची में से अपनी पावडर-बिंदी लगाई। अपना कंघा निकाला और देर तक गीले बातों को सुलझाती रही।

भूख नाम की चीज तो कब से गायब हो गई थी।

दोपहर की नींद की खुमारी अभी उतरी भी न थी कि जीजाजी का फरमान जारी हो गया–

"फटाफट तैयार हो जाओ। उन लोगों ने शाम का समय दिया है।"

"आज ही! हे भगवान!"

"आज वे अपने पोते के जन्मदिन की पार्टी दे रहे हैं, तो उन्होंने सोचा कि इसी बहाने सब लोग देख भी लेंगे और लड़की भी ऑकवर्ड फील नहीं करेगी।" जीजाजी दीदी को बता रहे थे।

मैंने अपना ट्रंक खोला और सच, रोना आ गया। एक भी ढंग की साड़ी नहीं थी। यूं तो साड़ी के मामले में अपना काम हमेशा से ही उधारी से चलता रहा है। कॉलेज का गेदरिंग हो या सहेली की शादी, भाभी की साड़ियां मैं खूब मजे में लथेड़ती रहती हूं। अभी भी बेचारी दो-चार रख रही थीं तो अम्मां ने डांट दिया–"अरे वहां कोई कमी है साड़ियों की। अलमारियां भरी पड़ी हैं मेरी कुमुद के यहां।"

अम्मां पर इतना गुस्सा आ रहा था अब। माना कि आपकी कुमुद के पास पूरी दुकान है, पर मांगने कौन जाएगा। जबरदस्ती पहना भी देंगी तो पूरे वक्त जान सांसत में रहेगी। कहीं सैंडिल में आकर कट गई या चाय-शरबत का छींटा पड़ गया तो बस हो गया भाषण शुरू। घंटे-भर की छुट्टी समझो।

डांट तो खैर उनकी बचपन से सुनती आई हूं। पर अब जबकि इतनी बड़ी हो गई हूं, उनके यहां मेहमान बनकर आई हूं–और इतने नाजुक काम के लिए तो लगता है कुछ इज्जत से पेश आया करें। पर उन्हें जैसे कुछ परवाह

ही नहीं है।

किसी तरह तैयार होकर धड़कते दिल से नीचे उतरी तो रास्ते में ही जीजाजी मिल गए—"ओ सुशी, यू आर लुकिंग स्पेशल। लगता है आज तो मुर्गा फंसकर रहेगा।"

बस, उनके इस एक वाक्य ने मेरी सारी दुविधा समाप्त कर दी।

"दीदी तैयार हो गईं?"

"चलो देखते हैं।"

दीदी सजधजकर तैयार बैठी थीं। मैचिंग चूड़ियां बदलने का कार्यक्रम चल रहा था।

"कुमुद!"

"जी!"

"जाने से पहले एक बात साफ कर लेना चाहता हूं।"

"क्या?" दीदी ने आश्चर्य से पूछा।

"अगर वहां भी तुम्हें अपने व्रत का नाटक करना हो तो अच्छा है तुम घर पर ही रुक जाओ। मैं कोई बहाना बना लूंगा।"

"क्या मतलब?" डर के मारे मेरी तो जान ही निकल गई। दीदी साथ न रहीं तो उतने सारे अजनबी लोगों के बीच मेरा क्या बनेगा।

"आप बाहर खाती नहीं हैं क्या?" मैंने हैरत से पूछा।

"खाना तो दूर—बाहर पानी तक नहीं पीती हैं ये।" जीजाजी ने बताया, "अगर मजबूरी में किसी के यहां पीना पड़ जाए तो गिलास इतनी बार ऊपर से नीचे तक देखेंगी कि सामने वाला शर्म से पानी-पानी हो जाएगा।"

"अब आप जाते समय मेरा मूड तो न खराब कीजिए।" दीदी ने तमककर कहा तो जीजाजी चुप हो गए, पर दीदी का मूड वैसा ही बना रहा। सारे रास्ते वे चुप-चुप बनी रहीं। उनके साथ होने से जो एक सहारा-सा था—वह भी अर्थहीन ही लगा। जीजाजी ही पूरी कमान संभाले रहे।

घर से निकलते वक्त इतनी चख-चख हो जाने के बावजूद भी दीदी ने वही किया जो उन्हें करना था। पार्टी का आधुनिक डीलडौल देखा और झट से व्रत की घोषणा कर डाली। मेरी तो सिट्टी-पिट्टी गुम हो गई थी। इस तरह की पार्टी में शिरकत करने का पहला मौका था। तौर-तरीके कुछ भी नहीं जानती थी मैं। जीजाजी मेरी घबराहट भांप गए थे। वे साए की तरह मेरे साथ रहे।

अपनी प्लेट के साथ मेरी प्लेट भरते गए—घूम-घूमकर सबसे परिचय करवाते रहे।

दीदी पूरे वक्त कोने की एक कुर्सी पर बैठी सेब कुतरती रहीं, शरबत गटकती रहीं। मेजबान और उनकी पत्नी बार-बार उनके पास पूछताछ के लिए जाते रहे।

अपने अलमस्त ठहाकों के बीच जीजाजी जब भी उधर देख लेते उनका चेहरा तमतमा उठता और वे मुंह फेर लेते।

लेकिन मेजबान से विदा लेकर जैसे ही हमारी गाड़ी सड़क पर आई, उनकी सहनशीलता ने जैसे जवाब दे दिया। फिर तो जो शुरू हुए तो घर पहुंचने तक उन्होंने सांस नहीं ली। दीदी चुपचाप सिर झुकाए, सब-कुछ सुनती रहीं। लगा जैसे यह बमबारी उनके लिए अनपेक्षित नहीं थी।

मुझे लेकिन बहुत बुरा लगा। जब मेरे सामने ही ये इतना सब-कुछ कह रहे हैं तो अकेले में पता नहीं—दीदी के भाग्य पर कभी-कभी बहुत रश्क हो आता था। अपने रूप-रंग के बल पर उन्हें बहुत संपन्न घर-वर मिल गया था। पर अब लगा—ऐसा वैभव भी किस काम का! छी, पूरी जिंदगी बैठे पति की डांट ही खाते रहो।

मन बड़ा उदास हो आया था। जाकर चुपचाप अपने बिस्तर पर लेट गई।

"सुशी!"

चौंककर उठ बैठी मैं। जीजाजी थे।

"जाकर अपनी दीदी को कुछ खिला तो दे। वह बेवकूफ भूखी ही सो जाएगी।" मैंने देखा, यह कहते वक्त उनका स्वर और चेहरा तरल हो आया था।

"जीजाजी, ये दीदी को क्या होता जा रहा है?"

"यही तो समझ नहीं पाता सुशी!" उन्होंने कहा और एक कुर्सी खींचकर उस पर बैठ गए, "ये सफाई का भूत लगता है, मुझे या उसे पागल बनाकर ही दम लेगा। मेरी सोशल लाइफ तो एकदम खत्म ही हो गई है। घर के लोग तक यहां आने से कतराने लगे हैं। पीने का पानी तक किसी को छूने नहीं देतीं। बताओ, इतना लांछन और इतना अपमान कौन सहेगा। ठीक है, आप सफाई-पसंद हैं। पर दूसरे लोग भी घूरे पर तो नहीं रहते। अरे दो दिन को लड़का घर पर आता है तो घबरा जाता है। उसे भी ये नहीं बख्शतीं।"

"यही तो गड़बड़ है जीजाजी। इतना बड़ा घर है और फैलाने वाला कोई

नहीं। इकलौते लड़के को भी आपने इतनी दूर होस्टल में डाल रखा है। दीदी के पास अब फुरसत ही फुरसत हो गई है। इसी से उनके दिमाग में ये फितूर उपजते रहते हैं।''

''यह भी तो उसी की जिद थी। बोली, मेरा बेटा ऐसे-वैसे स्कूल में नहीं पढ़ेगा। उसे देश के सबसे महंगे, सबसे अच्छे स्कूल में भेजना होगा–नहीं तो बताओ यहां क्या स्कूल नहीं हैं।''

बहुत सारी फुरसत और ढेर से रुपए पास हों तो ऐसी ही ऊटपटांग बातें सूझती हैं। नहीं तो हम जैसे स्कूलों में पढ़े हैं, हमीं जानते हैं। डेस्क हैं तो टाटपट्टी गायब है। घर से आसन लेकर जा रहे हैं। धूप में टीन तप रही है, बरसात में छत टपक रही है। पर दीदी को एम.ए. करना था, कर ही लिया। भैया को डॉक्टर बनना था, बन ही गए। बाबूजी कहते हैं, जो हीरा है वह धूल में फेंक देने पर भी अपनी चमक नहीं खोता। पिछले साल सोनू मिडिल की परीक्षा में पूरे संभाग में फर्स्ट आया था। ज्ञान भैया तो पांचवीं से स्कॉलरशिप पा रहे हैं।

ढाई कमरों के उस मकान में कैसे गड्डमड्ड होकर पढ़ते थे हम लोग–वहीं गुड़ी-मुड़ी होकर सो भी जाते थे। सुबह दीदी के यहां चादरों का जखीरा देखा तो याद आया–चादरें तब घर में दो-तीन ही हुआ करती थीं। एक बाबूजी के पलंग पर बिछती और एक भट्टी में धुलवाकर मेहमानों के लिए रख ली जाती। बच्चों की गुदड़ियों पर तो अम्मां की पुरानी धोतियां ही काम आतीं।

सुबह खाना खाते हुए देखा था, डाइनिंगरूम की अलमारियां बर्तनों से अंटी पड़ी हैं। स्टील के, चीनी के, प्लास्टिक के। सबमें विभाजन रेखाएं हैं। घरवालों के लिए, मेहमानों के लिए, विशिष्ट मेहमानों के लिए–घर पर तो यह सब सोचने का अवकाश ही नहीं रहता। सात-आठ प्राणी तो हमीं लोग हैं। ऊपर से मेहमान आ जाएं तो बस, स्टील की, कांसे की, चीनी की थालियां-प्लेटें सब मिलाकर गंगा-जमनी पंगत लग दी जाती है। इससे भी पूरा न पड़ा तो दो बच्चे एक साथ कर दिए–बस। कोई बुरा नहीं मानता।

अब कौन विश्वास करेगा कि दीदी भी उसी वातावरण में पली हुई हैं। बल्कि हम लोगों का तो सारा बचपन उन्हीं के साए में गुजरा है। अम्मां को घर के कामों से ही फुरसत नहीं मिलती थी। फिर गोद में कोई न कोई होता ही था। बड़े बच्चे दीदी के सहारे ही पलते। सहेली के यहां भी जातीं तो साथ

में कोई न कोई लगा ही रहता।

अब ये एकाएक उन्हें क्या होता जा रहा है।

उस दिन तो वाकई दीदी ने हद कर दी।

पार्टी वाले दिन माहौल भीड़भाड़ वाला था। ठीक से बातचीत नहीं हो पाई थी। इसलिए जीजाजी ने एक सुबह सबको चाय पर बुला लिया।

उस दिन सुबह से दीदी चौके में घुस गई थीं। मुझे सिर्फ सज-संवरकर मेहमानों का स्वागत करना था। एक कान दरवाजे पर लगाए मैं यूं ही बेमतलब प्लेट-चम्मच ट्रे में जमाती रही, गिलास पोंछती रही।

ठीक 9 बजे वे लोग आए। घर में पांव देते ही वहां की साजसज्जा से विस्मित हो उठे और मुग्ध भाव से एक-एक चीज की प्रशंसा करने लगे। अपनी प्रशंसा से तृप्त होकर और स्वागत का कर्त्तव्य निपटाकर दीदी फिर किचन में चली गईं और लोग-बाग इत्मीनान से बैठकर गपशप का मूड बनाने लगे।

वर महोदय की भाभी और बड़ी बहन साथ में थीं। दोनों की गोद में गुलगोथने बच्चे थे, जो नीचे उतरने के लिए मचल रहे थे। पर बेचारी संकोच में, असमंजस में उन्हें कसकर थामे हुए थीं। आखिर जीजाजी ने ही उन्हें इस दुविधा से उबार लिया। ताश का एक पुराना पैक और दो-चार पुराने शोपीसेस कालीन पर डाल दिए और बच्चों को छोड़ दिया। बच्चे भी खुश और मां भी।

दीदी जब गोपाल के हाथों नाश्ता लगवाकर बाहर लाईं तब भारत की विदेश नीति की आलोचना जोरों पर थी। अच्छा ही हुआ किसी ने दीदी का चेहरा नहीं देखा। नहीं तो उन्होंने बच्चों को इस बुरी तरह घूरा था कि मैं तो कांपकर रह गई थी।

नाश्ता देखते ही सब लोग राजनीति की सूखी चर्चा को छोड़कर नाश्ते पर टूट पड़े। दीदी सचमुच गजब की चीजें बनाती हैं। 6-7 आइटम थे—सबके सब घर पर बने हुए। सबने डटकर खाया और जी भरकर प्रशंसा की।

दो घंटे बाद जब वे लोग जाने के लिए उठे तो कमरे की सज्जा देखने लायक थी। सोफे से लेकर मेजपोश तक टमाटो सॉस का छिड़काव हो रहा था। कालीन पर खजुराहों की खंडित मूर्तियां गाजर का हलुआ चख रही थीं। पानी के जग में पापड़ का चूरा घुला हुआ था। एक गिलास टूट गया था जिसे एहतियातन मेज के नीचे सरका दिया गया था।

हम लोग उन्हें छोड़ने गेट तक गए। गाड़ी के पास भी 10-15 मिनट तक बतियाते रहे। आखिरकार जब बड़ी भाभी ने देवर को टहोका मारा कि यहीं डेरा डालने का इरादा है क्या? तब जाकर गाड़ी स्टार्ट हुई।

अतिथियों पर टीका-टिप्पणी करते हुए हम खरामा-खराम बंगले की ओर लौट रहे थे कि देखा—गाड़ी फिर लौट आई है।

"मैं अपना पर्स भूल गई थी।" नीता दीदी ने झेंपते हुए बताया।

सब लोग गाड़ी में ही बैठे रहे। औपचारिकतावश मुझे ही उनके साथ अंदर आना पड़ा।

ड्राइंगरूम में पांव दिया और धक से रह गई मैं। वहां का तो नजारा ही बदला हुआ था। कालीन निकल चुका था, कुर्सियां एक ओर सरका दी गई थीं और गोपाल बाल्टी में पानी लेकर कमरे का पोंछा लगा रहा था। सोफे के कवर निकाले जा चुके थे और एक कोने में खड़ी दीदी उन पर नए कवर्स चढ़ा रही थीं। दीदी को देखा तो याद आया—वे हमारे साथ बाहर नहीं आई थीं। उन्होंने दरवाजे से ही हाथ जोड़ लिए थे।

नीता दीदी के साथ दुबारा बाहर जाने का मेरा साहस नहीं हुआ।

उसके बाद?

उफ़, उसके बाद क्या हंगामा हुआ है। जीजाजी दो घंटों तक पागलों की तरह चीखते रहे थे। घर के दरोदीवार भी जैसे उनके गुस्से से दहल उठे थे। मैं तो उनके सामने पड़ी ही नहीं। दिन-भर अपने कमरे में दुबकी इस घटना के संभावित परिणाम की कल्पना करती रही। शाम को, पूरे पांच घंटे बाद मैं उतरी। देखा, बरामदे में इत्मीनान से बैठी दीदी धोबी को कपड़े गिनवा रही हैं। उन कपड़ों में नैपकिन्स थे, मेजपोश और परदे थे। सोफा कवर्स थे। और वह तौलिया भी था जिसे मैंने पहले दिन काम में लिया था।

रिश्ते

एक बार फिर से सारी तैयारी का ठीक से मुआयना करने के बाद मीरा रसोई से निकली और सीधे बाथरूम में चली गई। पसीने से लथपथ चेहरे पर काफी देर तक ठंडे पानी के छींटे देती रही। तब कहीं जाकर जी जरा हल्का हुआ। फिर जल्दी से हाथ-मुंह धोकर उसने कपड़े बदले, बाल ठीक किये, हल्का-सा मेकअप किया और दरवाजे में आकर खड़ी हो गई।

साढ़े पांच बज रहे थे। स्कूल-कॉलेजों से छूटने वालों का रेला समाप्त हो रहा था और अब दफ्तर वालों की बारी थी। घर लौटने को आतुर इस भीड़ को देखना उसे अच्छा लगता था। उसके अपने बच्चे इस समय खा-पीकर ग्राउंड पर पहुंच चुके होते हैं—पति के लौटने में कुछ समय रहता है—यह बीच वाला समय दरवाजे पर अच्छा कट जाता है।

पौने छः के लगभग महेश की साइकिल आती दिखाई दी। उसने दूर तक आंखें गड़ाकर देखा और कोई परिचित साइकिल आसपास नहीं थी। फिर भी आशा में वह सड़क पर नजरें गड़ाये ही रही। बरामदे में महेश की साइकिल खड़की तब कहीं उसे होश आया। उसे बैग पकड़ाकर महेश हाथ-मुंह धोने चला गया। मीरा किचन में आई। मेज पर तीन लोगों का इंतजाम था। उसने चुपचाप एक प्लेट उठाकर रख दी।

"अरे वाह, आज तो दही-बड़े बने हैं।" तौलिये से हाथ-मुंह पोंछता हुआ महेश किचन में आया तो खुश हो गया।

"मेहता साहब नहीं आये आज?" प्लेट में दही-बड़े डालते हुए उसने पूछ ही लिया आखिर।

"हां भाई, मेहता साहब तो नहीं आये। आज तुम्हें मोनोटोनी से ही गुजारा करना पड़ेगा। पर चिंता मत करो। दही-बड़ों के साथ पूरा न्याय होगा।"

कटकर रह गई मीरा। पता नहीं उस दिन किस मुहूर्त में यह बात उसके मुंह से निकल गई थी। मेहता उस दिन यूं ही फार्मल हुआ जा रहा था कि रोज-रोज भाभी को तंग करने आ जाता हूं। तब उसने शिष्टाचारवश कह दिया था—"नहीं भाई साहब, आप आते हैं तो अच्छा लगता है। थोड़ा मोनोटोनी ब्रेक हो जाती है। नहीं तो इस छोटी-सी जगह में तो दम घुटकर रह जाता है।"

बस, तब से महेश है कि जब-तब उस बात को उछाल देता है।

वैसे मीरा ने बात एकदम गलत नहीं कही थी। सचमुच उसके आने से घर में एक नया चैतन्य आ जाता था। रोज-रोज की उबाऊ दिनचर्या में भी एक रौनक आ जाती थी। दिन-भर खपकर नाश्ता बनाने में, शाम को तैयार होने में एक थ्रिल आ जाता था। आज भी दिन-भर खटते हुए उसके दिमाग में मेहता का ही खयाल था। पिछली बार उसने बहुत तारीफ की थी इसीलिए इस बार वह दूने जोश से जुट गई थी। पर अब उसका उत्साह एकदम ठंडा पड़ गया। वह अनमने भाव से प्लेट में चम्मच चलाती हुई बैठी रही।

"अरे भई, कुछ बोलो भी। चुप-चुप क्यों हो?" महेश ने पूछा।

"चुप ही अच्छे हैं। आपके सामने बात करने की बेवकूफी कौन करे। बस, हरेक शब्द को पकड़ लेते हैं।" उसने अपना सारा रोष पति पर उतारते हुए कहा।

"सॉरी-सॉरी। इतनी-सी बात का बुरा मान गईं। अब नहीं कहेंगे, बस।" और महेश ने सचमुच कान पकड़ लिए। फिर दोनों ही खिलखिलाकर हंस पड़े। हंसी का दौर थमते ही महेश ने बताया—"मेहता बीवी-बच्चों को लिवाने झांसी गया है।"

"अरे, उन लोगों को तो परसों आना था ना।"

"क्या पता! शायद रिजर्वेशन जल्दी मिल गया हो। दोपहर में ही टेलीग्राम मिला था।"

"कब तक आ जायेंगे वे लोग?"

"क्या पता। शायद रात हो जाये।"

"तो खाना-वाना बनवा लें?"

"नहीं, मना कर रहा था। वहीं से खा-पीकर आयेंगे वे सब।"

वह चुप हो रही। शाम का खाना बनाते समय भी उसका मन मेहता की बीवी के आसपास चक्कर काट रहा था। उसे वह सारे इंतजाम याद आ गये जो उसके स्वागत में किये जा रहे थे। परदे मीरा ने खुद सिलकर दिये थे। एक डिब्बे वाला कूलर, एक पंखा, एक अलमारी, एक स्टोव, पता नहीं कितनी सारी चीजें खरीदी गई थीं। मीरा ने ही सारी शॉपिंग की थी। मेहता ने कह दिया था, "भाभी, मैं तो इन मामलों में कुछ जानता नहीं, आप ही थोड़ी मदद करवा दीजिए।"

मेहता का उत्साह ऐसे छलकता जैसे बीवी पहली बार घर आ रही हो। मीरा को तो सचमुच रश्क होने लगा था।

रात दस बजे बटुकलाल चारपाई लेने आया तो उसने फिर एक बार खाने के लिए पूछ लिया। पर बटुकलाल ने बताया कि साहब लोग खा-पीकर आये हैं। चारपाई और एक गिलास दूध लेकर बटुकलाल चला गया तो वह इसी प्रतीक्षा में कुर्सी पर बैठी रही कि अभी महेश चलने के लिये कहेगा। पर वह तो सीधे जाकर पलंग पर लेट गया।

"एक बार चलकर देख आते हम। उन लोगों को अगर कुछ जरूरत हो।" उसने हौले से प्रस्ताव रखा।

"पागल हुई हो! इस समय जायेंगे तो गाली देगा वह। पूरे पांच महीने बाद बीवी से मुलाकात हुई है। लेट देम एन्जॉय।" महेश ने कहा और उसे अपने पास खींच लिया।

महेश की बांहों में लेटी हुई वह मेहता की बीवी के बारे में सोचती रही। 11 साल हो गये हैं शादी को, पर मिलन में अब भी वही ताजगी है। और एक अपन हैं। रात दर रात, साल दर साल वही रुटीन चला आ रहा है। घर-प्रपंच के झंझटों से दूर रहने वाली मेहता की बीवी पर उसे ईर्ष्या हो आई। सचमुच अब भी वह उतनी ही फ्रेश लगती होगी।

मेहता के यहां जाने का, उसकी बीवी को देखने का उत्साह एकदम जाता रहा। एक हीनबोध-सा उसके मन में व्याप्त हो गया।

दूसरे दिन शाम को दफ्तर से लौटते ही महेश बोला—"मेहता ने पिक्चर का प्रोग्राम बनाया है। जल्दी से तैयार हो जाओ।"

उसने एकदम छूटते ही कह दिया—"बेकार भीड़ करने से फायदा? उन लोगों को अकेले एन्जॉय करने दो। हमारे साथ तो अकसर ही जाते रहते हैं।"

तीसरे दिन महेश ने उनके घर जाने का प्रस्ताव किया तो एकदम बिफर पड़ी वह—"कायदे से उन्हीं लोगों को पहले आना चाहिए। रोज-रोज यहां आते रहे हैं। कम से कम इस बात का ही खयाल कर लिया होता।"

फिर एक दिन महेश अकेले ही जाकर उन लोगों को खाने के लिए न्यौता दे आया।

बहुत भुनभुनाई वह, पर महेश के दफ्तर जाते ही वह घर की सफाई में जुट गई। सारे फर्श पर गीला कपड़ा फेरा। खिड़कियों के परदे धो दिए, पलंग की चादरें बदल डालीं। पीतल के डिब्बे चमकाये, किताबों की अलमारी सेट की और फिर जब खाना बनाने बैठी तो अपना पूरा कौशल उसमें उड़ेल दिया।

शाम को दोनों बच्चे, वह और महेश सजे-संवरे तैयार बैठे थे। एक अजीब-सी उत्कंठा से उसका मन धक-धक कर रहा था।

मेहता लोग आये तो उनके साथ खुशबू का एक झोंका-सा घर में दाखिल हुआ। क्रीम की, पाउडर की, सेंट की, पता नहीं कितनी तरह की सुगंध हवा में तैर आई थी।

बहुत खूबसूरत नहीं थी मेहता की बीवी, पर बड़ी स्मार्ट लग रही थी। उसके व्यवहार में एक आत्मविश्वास था, पहनावे में एक पालिश था, बोलचाल में एक नफासत थी। महेश भी एकबारगी सकपका गया। मेहमानों की तुलना में मीरा को महेश के हंसने-बोलने का ढंग अजीब-सा लगने लगा। लगा कि वह टॉपिक तक ढंग से चुन नहीं पा रहा है।

वह स्वयं तो इतना बौखला गई थी कि नमस्ते करने के बाद चुपचाप बैठी रही। फिर बच्चों को लेकर उठते हुए बोली—"बच्चों को खिला दूं पहले। फिर हम लोग इत्मीनान से खा सकेंगे।"

किसी ने एतराज नहीं किया। वह बच्चों को लेकर किचन में आ गई। उनके लिये छोटी-छोटी प्लेटों मे खाना डालते हुए उसके कान बराबर बाहर की ओर लगे थे। उसे आशा थी कि मेहता की बीवी अंदर आयेगी, उसका हाथ बटायेगी, कम से कम इस बहाने गपशप तो हो ही जायेगी। पर ऐसा कुछ नहीं हुआ।

बच्चों को बाहर भेजकर जब वह मेज साफ कर रही थी तब वह अंदर आई। आते ही ऊपर-नीचे मुआयना करते हुए बोली—"घर तो आपका भी बड़ा छोटा-सा है।"

"जी हां, छोटी जगह है ना। दरअसल यहां मकानों की बहुत दिक्कत है।" मीरा ने कहा। उसे खुशी हुई, चलो कुछ कहने के लिये तो मिला।

"हमारे मकान में तो फिर भी प्रायवेसी है, पर आपका तो बिल्कुल साथ वाले से सटा हुआ है।"

मीरा का मन एकदम बुझ गया। उसे अपना घर सचमुच बड़ा छोटा-सा दमघोंटू लगने लगा। एक व्यर्थता-सी व्याप गई मन में।

"कैसा लग रहा है आपको यहां?" उसने विषय बदलने की गरज से पूछा। "बोर हो रही हूं मैं तो। कोई कम्पनी ही नहीं है।" मीरा प्रतीक्षा करती रही कि वह आगे कहेगी–"और आप भी तो इतनी दूर रहती हैं।" पर निराशा ही हाथ लगी। उसे तो यह भी सुनने की साध थी कि सच, आपकी वजह से बहुत निश्चिंत हूं मैं। यह तो आपकी बहुत तारीफ कर रहे थे।

पर इस बार भी उसे निराश होना पड़ा। शायद मेहता ने उसे कुछ बताया ही न हो। तभी तो वह इतनी फार्मल, इतनी औपचारिक हुई जा रही है।

सारा उत्साह, सारी उत्सुकता जैसे निचुड़कर रह गई। खाने की मेज पर होने वाली प्रशंसा भी उसे नितांत औपचारिक लगी। मन वैसा ही रूठा रहा।

दो-चार दिन बाद मेहता ने उन लोगों को आमंत्रित किया। बच्चों को ढंग से सजा-संवारकर, अपनी सबसे अच्छी साड़ी पहनकर वह घर से चली गई थी। पर एक ही हीन-बोध था कि पीछा ही न छोड़ता था।

मेहता का घर अपनी पुरानी मनहूसियत छोड़कर नई शान-शौकत से चमक रहा था। दरवाजों-खिड़कियों पर नये परदे झूल रहे थे। पलंग पर नई चादर बिछी थी। नया पंखा सुखद शीतलता प्रदान कर रहा था। इन सबकी खरीदारी में मीरा का हाथ था। परदे तो उसने खुद सिलकर दिये थे।

प्लास्टिक की बाल्टी, चम्मच स्टैंड, फूलझाड़ू जैसी छोटी-छोटी चीजें उसने याद करके खरीदवाई थीं। उसे आशा थी कि उसके सलेक्शन की तारीफ होगी। कम से कम धन्यवाद तो मिलेगा ही। पर कहां!

क्या मेहता ने यह सब भी नहीं बताया होगा?

"बटुकलाल ठीक से कर लेता है न सब?" मीरा ने संभाषण का सूत्र पकड़ा।

पर मेहता की बीवी ने एक ही झटके में वह तार तोड़ दिया, "अब न भी करे तो उपाय क्या है। मुझसे तो बिना गैस के खाना बनता नहीं है।"

''गैस तो यहां कहां मिलेगी। छोटी जगह है न।'' मीरा चुप रह गई तो महेश ने सफाई दी।

बैठते देर नहीं हुई थी कि नाश्ता लग गया। लंबा-चौड़ा नाश्ता था।

बर्फी, पेठा, दालमोठ, मठरी, समोसे--सब-कुछ बाजार का था। घर पर सिर्फ चाय बनी थी, वह भी बटुकलाल ने बनाई थी।

''इस मौसम में चाय पिलाना कोई अच्छा लगता है'', मेहता की बीवी भिनभिनाई, ''पर कैसी सिटी है। बर्फ तक नहीं मिलती। बिना बर्फ के शरबत तो गले से भी नहीं उतरता।''

''मिल भी जाये तो बाजार इतनी दूर है कि आते-आते पिघल जायेगी।'' महेश ने हंसकर कहा।

''अरे क्या बाजार है, इनी-गिनी दुकानें हैं। उनमें भी ढंग की च्वाइस नहीं मिलती। पंखे के कवर के लिए कपड़ा लेना था मिला ही नहीं। खाने के लिए दफ्तर की मेज ले आये हैं, पर उस पर एक प्लास्टिक कवर तो ढंग का चाहिए। बस, सफेद चादर से काम चला रहे हैं।''

''आप तो भाभीजी, यहां जमकर रहिए कुछ दिन। तब जाकर घर ठीक-ठाक होगा।'' महेश बोला।

''यहां! माय गुडनेस! यह दो महीने भी कैसे कटेंगे यही सोच रही हूं। सीलिंग इतनी नीची है कि फैन नहीं लग सकता। और टेबल फैन से तो सिर में दर्द होने लगता है। फिर मच्छर। तोबा-तोबा! रियली इट इज इम्पासीबल।''

''हां--3-4 महीने यह जरा मुश्किल ही होते हैं। हम लोग तो खैर अब आदी हो गये हैं।'' महेश ने समर्थन किया।

सारा वार्तालाप महेश के और उसके बीच ही हो रहा था। मीरा तो चुप थी ही। मेहता भी बीवी की शिकायतों को चुपचाप बैठा सुन रहा था। उसका सारा ध्यान अतिथि-सत्कार में लगा हुआ था। बटुकलाल हाथ में पानी के गिलास लेकर आया तो उसी ने डांटा और भागकर ट्रे ले आया। महेश के कप में चींटी तैर रही थी तो वही दौड़कर चम्मच उठा लाया। बच्चों को संतरे छीलकर उसी ने दिये। पूरे समय भीतर-बाहर दौड़ता रहा वह। जैसे वह अकेला मेजबान हो और बाकी सब--बीवी भी उसके मेहमान।

''ऐसे बन रही है जैसे विलायत से चली आई है।'' मीरा का गुस्सा फूट पड़ा।

"विलायत से न सही पर दिल्ली से तो आई ही है।" महेश ने कहा।

"अरे, तो क्या हमने दिल्ली देखी नहीं है। आई है उस दिन से सिवाय कुड़कुड़ाने के कुछ नहीं किया। बटुकलाल बता रहा था कि रसोई में तो झांकती तक नहीं। कौन सामान खत्म हो गया है, कौन सामान लाना है इसकी खोज-खबर साहब ही रखते हैं।"

"चलता है भई, छुट्टी मनाने आई है बेचारी।" महेश ने पक्ष लिया तो मीरा उबल पड़ी–"वाह री छुट्टी। ऐसी औरत तो मैंने कहीं नहीं देखी। यह तो नहीं हुआ कि आई है तो चार दिन अपने हाथ से कुछ बना के खिला दे। बटुकलाल तो मरा भाग्य में लिखा हुआ है ही।"

"सच्ची बात तो यह है मीरा कि गृहस्थी की आदत नहीं रही। अब तक पीहर का सुख भोग रही है।"

मीरा तो डर गई। क्या महेश सचमुच उस ग्लेमर की चकाचौंध में खो गया है। बराबर उसी का पक्ष लिये जा रहा है। उसे आने वाले दिनों से खौफ होने लगा।

पर आने वाले दिन बहुत शांति से कट गये। पहले तो मीरा को आशा थी और बाद में डर हो गया था कि दोनों परिवारों में खूब गाढ़ी बनेगी। पर मेहता अपने बीवी-बच्चों में उलझा रहा। दफ्तर की जीप लेकर उन्हें आसपास के स्थान घुमाता रहा और महेश पत्नी के प्रति वफादार बना रहा। जो समय मेहता के हिस्से में पड़ता था वह भी अब मीरा का हो गया। उसे बहुत संतोष मिलता रहा।

जून के अंतिम सप्ताह में मेहता की बीवी बच्चों को लेकर दिल्ली लौट गई। मेहता झांसी तक उन लोगों के साथ गया था। मीरा-महेश बस स्टैंड तक पहुंचाने गये।

"अब कब आयेंगी? दीवाली पर?" उसने औपचारिकतावश पूछ लिया।

"देखिए, वैसे मैं तो इनको वहीं बुला रही हूं। छुट्टियों में चंडीगढ़ हो आयेंगे। बच्चों को भाखड़ा नंगल दिखाना है। यहां का तो सब देख ही लिया है।"

ईर्ष्या का एक ज्वार-सा मीरा के मन में उठा। इसे कहते हैं भाग्य। पूरी जिंदगी एक पिकनिक की तरह मन रही है। आटा पिसवाने की चिंता नहीं, धोबी और दूध के हिसाब का झंझट नहीं। सुबह-शाम रसोई में खटने की जरूरत नहीं। यहां तो यह सब करते-करते ही मन बुढ़ाता जा रहा है।

"मम्मी, मेहता अंकल आये हैं।" खेलने जाता हुआ सोनू रास्ते से लौटकर उसे सूचना देने गया फिर भी उसने कोई उत्सुकता नहीं दिखाई। स्कूटर की आवाज उसने पहले ही सुन ली थी। बीवी-बच्चों को घुमाने के लिये पंद्रह दिन पहले ही यह नया स्कूटर खरीदा गया था, यह भी वह जानती थी। आज सब लोग चले गये हैं तभी इस घर की याद आई है।

शाम को अचानक बूंदा-बांदी शुरू हो गई। उसने सारी खिड़कियां बंद कर लीं और रसोई में बैठी रही।

"मम्मी, अंकल बैठे हैं बाहर।" खेल से लौटे हुए सोने-मोनू ने बताया तो वह लापरवाही से बोली–"बैठने दो। पापा आते ही होंगे।"

थोड़ी देर बाद महेश लौटा–"अरे मीरा, मेहता बाहर बैठा है। तुमने भीतर भी नहीं बुलाया। इतनी बरसात होती रही।"

"आपको बहुत देर हो गई।" मीरा ने महेश की बात अनसुनी करते हुए पूछा।

"पानी की वजह से रुक गया था, पर कम्बख्त रुका ही नहीं", गीली कमीज उतारते हुए महेश ने कहा–"जरा चाय बनाओ झटपट। अदरक वाली बनाना।"

चाय पीते हुए मेहता ने पूछा–"भाभी, आपकी इजाजत हो तो इन्हें पिक्चर ले जाऊं आज?"

उसने कुछ नहीं कहा। मुंह फुलाये बैठी रही। पर जाने से पहले जब महेश ने अंदर आकर मेहता का खाना बनाने के लिये कहा तो एकदम बिफर पड़ी–"क्यों, यह कोई होटल है या धर्मशाला! जब चाहा ऑर्डर दे दिया।"

"अरे प्लीज! आज अकेला है बेचारा।"

"अकेला है तो हम क्या करें। यहां किसी ने ठेका ले रखा है!" वह भुनभुनाती रही पर महेश कब से ही घर के बाहर निकल गया था। पिक्चर का टाइम जो निकला जा रहा था।

सोच लिया उसने भी आज, खिचड़ी बनाकर रख देगी वह। और बुलाओ रोज-रोज दोस्तों को। लेकिन जब रसोई में जुटी तो चार-पांच चीजें बनाकर रख दीं। और उसे यह सोचकर आश्चर्य हुआ कि भरवां टिंडे और लौकी का रायता तो उसने खास मेहता के लिए बनाया था। महेश तो लौकी को छूता भी नहीं।

उसे अपने ऊपर इतना तैश आया–बस, यही तो होगा हमारे साथ। सारी

जिंदगी चूल्हे-चक्की में ही फूंकनी है। कौन कहेगा कि मैं भी ग्रेज्युएट हूं। इस छोटी-सी जगह में रहते-रहते सारी विद्या को जैसे घुन लग गया हो।

रात दस बजे वे लोग खाने पर बैठे। नींद को परे ढकेलकर उठना पड़ा, सारा खाना फिर से गरम करना पड़ा। उसे तो इतनी कोफ्त हो आई और उस पर सितम यह कि खाने में किसी का मन ही नहीं था। इतने मनोयोग से बनाया खाना मिट्टी हुआ जा रहा था। कुछ देर तक तो महेश फिल्म के विषय में बातें करता रहा फिर एकदम पूछ बैठा—"जगह वगैरह तो ठीक से मिल गई थी न?"

"जगह!" मेहता एकदम चौंक पड़ा, "हां, जगह तो ठीक मिल गई थी। रिजर्वेशन था न।" फिर वह कुछ देर थाली में यूं ही चम्मच चलाता रहा। फिर एकाएक बोला—"पप्पू तो मुझसे इतना अटैच्ड नहीं है पर पिंकी बहुत रोई। बार-बार कहती रही कि मुझे यहीं रख लो। पर मेरा तो फील्ड का जॉब है। घर पर रहता ही कितना हूं।"

"मां को बुला लो न। दोनों को एक-दूसरे का सहारा हो जायेगा।" महेश ने सलाह दी।

"सूने घर में वह भी आने को राजी नहीं है। और उसकी अवस्था भी अब अकेले रहने की नहीं। बहुत प्राब्लम है यार। छोटे भाई की बीवी तंग आ गई है और ठीक भी है। एक ही आदमी कितना करे आखिर। उनकी अपनी कोई लाइफ ही नहीं रह गई है।"

खाना बेवजह लंबा खिंच रहा था। किसी को रुचि नहीं थी। यहां तक कि महेश ने भी प्रशंसा में एक शब्द तक नहीं कहा। इतनी बोर हो गई मीरा। सब लोग हाथ धोने के लिये उठे तो उसने राहत की सांस ली।

"हम लोग पान खाकर आते हैं। तुम्हारे लिये दो मीठे मसाले वाले न?" महेश ने जाते हुए पूछा तो उसे चिढ़ आने लगी। पिछलग्गू की तरह उसके पीछे-पीछे घूमने की क्या जरूरत है। उसकी बीवी चली गई है तो क्या, तुम्हारी तो घर में है। स्कूटर की पिछली सीट पर बैठा महेश उसे बेचारगी की प्रतिमा-सा लगा।

"तुम भी एक स्कूटर ले डालो अब।" सोते हुए उसने एकाएक कह डाला।

"क्यों? एकदम यह नेक खयाल कैसे आ गया?"

"कोई बहुत अनोखी बात तो नहीं कह रही मैं। दफ्तर के और लोग जब ले सकते हैं तो—"

"मुझे क्या हर्ज है यही न। बिल्कुल ठीक कहा तुमने। पर मैडम, इस तनखा में यह जुगाड़ नहीं बैठ सकता। हां, अपनी बीवी भी कहीं नौकरी करती तो और बात थी।"

"तो लगवा दो न कहीं। ऐसी अनपढ़ जाहिल तो नहीं हूं मैं।" उसे बेवजह रुलाई आने लगी।

"बेवकूफ हो तुम तो, इतना-सा मजाक भी नहीं समझतीं।" महेश ने उसे बांहों में भरते हुए कहा—"न बाबा, बाज आये हम ऐसी नौकरी से। इतना प्यारा मौसम है और जनाब पड़े होंगे करवटें बदलते हुए।"

"तो छुड़ा दें नौकरी और रख लें अपने पास।" मीरा ने तैश के साथ कहा—"पैसा भी, आराम भी—दोनों चीजें तो एक साथ नहीं मिल सकतीं।"

"पैसों का मोह बहुत बुरा होता है रानी। पता है मेहता क्या कह रहा था। शादी हुई थी तब घर में दो बहनें थीं शादी लायक, दो भाई थे पढ़ने वाले। इसीलिये बीवी से नौकरी करवाता रहा। अब तो सब निपट गया है। पर वह कहती है कि इतने दिन तक तुम्हारे भाई-बहनों के लिए कमाया, अब अपने बच्चों की जिंदगी बनाऊंगी।"

"कितनी पे मिलती होगी ?"

"साढ़े छः सौ। तीन सौ रुपये भाई के मुंह पर फेंक देती है और ऐश करती है। भाई और मां उसके पैसों से दबे हुए हैं। इसके दम से उनके घर में टी.वी. है, कूलर है, फ्रिज है।"

मीरा सांस रोककर सुन रही थी। तीन सौ रुपये भाई के मुंह पर फेंक देने वाली बात उसे परीकथा-सी लग रही थी। यहां तो राखी, भाईदूज पर 20-25 का मनीऑर्डर भी आ जाता है तो वह उड़ी-उड़ी फिरती है। बड़े जतन से सहेजकर रखती है वह उन रुपयों को। वक्त जरूरत घर में खर्च भी हो जायें तो यह जतलाना नहीं भूलती कि वे उसके अपने रुपये हैं।

महेश बता रहा था—"पहले तो मेहता भी वहीं पास मुरादनगर में नौकरी करता था। हर हफ्ते बीवी के पास पहुंच जाया करता था, पर वहां का वातावरण देखकर मन खट्टा हो गया तो छोड़-छाड़कर मध्यप्रदेश में चला आया। अब तो जहां रहता है, छुट्टियों में सबको वहीं बुला लेता है।"

"क्यों, वातावरण को क्या हो गया?"

"अरे भई, भाई अपना है, मां अपनी है। पर भाभी तो पराए घर की है।

फिर दिन-रात सिर पर रहने वाली ननद किसको अच्छी लगती है। सामने कुछ नहीं कह पाती थी तो दूसरे तरीकों से अपना गुस्सा जाहिर करती थी। मेहता बता रहा था कि आजकल बच्चों पर भी खार खाने लगी है। पिंकी अब बड़ी हो चली है, सब समझने लगी है। इसीलिए तो लौटकर जाने के लिए तैयार नहीं थी। बड़ी मुश्किल से भेज पाया है उसे। बेचारा इतना उदास हो गया था।''

''बेचारा!''

सहानुभूति का एक सैलाब-सा मीरा के मन में उठने लगा। सचमुच, बेचारे की जिंदगी भी क्या है। पत्नी है, बच्चे हैं, अच्छी नौकरी है—फिर भी संन्यासियों का-सा जीवन व्यतीत कर रहा है। तभी तो यहां-वहां प्यार के रिश्ते जोड़ता फिरता है बेचारा।

वह भूल ही गई कि बेचारा मेहता पिछले दिनों कितना पराया हो गया था। उसने सहज भाव से यह स्वीकार कर लिया कि मुश्किल से चार दिन उसे परिवार का सुख मिलता है, उसे किसी के साथ बांटना नहीं चाहता तो यह स्वाभाविक ही है। इतनी रियायत तो उसके साथ होनी ही चाहिए।

''सुनो'', पति की छाती में मुंह छिपाते हुए उसने कहा—''इतवार को डोसे बना रही हूं। मेहता से कह देना।''

साजिश

पूरे घर में एक तनाव-सा व्याप्त है। कल पम्मी की फिर चिट्ठी आई है। और जैसा कि हमेशा होता आया है, पूरा घर भीतर ही भीतर हिल उठा है। बाबूजी लगातार छत पर चहलकदमी कर रहे हैं, अम्मां रसोई में बैठकर आंसू बहा रही हैं। सोहन तो पढ़ाई का बहाना लेकर दोस्त के यहां निकल गया है। खाने के वक्त भी उसने शक्ल नहीं दिखाई। निम्मी अलग मुंह फुलाए पढ़ने के कमरे में बैठी है। बच्चे टुकुर-टुकुर जिस-तिस का मुंह ताक रहे हैं।

सबसे ज्यादा संत्रस्त और परेशान हैं मोहन और शीला। संकोच के मारे बेचारे अपने से ही आंख चुरा रहे हैं। दोनों ने जैसे अपने होंठ सी लिए हैं। डरते हैं कि कोई ऐसी-वैसी बात मुंह से न निकल जाए, जो बारूद के ढेर में चिंगारी का काम करे। वैसे ही वे दोनों हमेशा से कटघरे में खड़े हैं। घर में अच्छा-बुरा जो होता है, उन्हीं के सिर जाता है।

पम्मी की जब भी चिट्ठी आती है, दोनों पति-पत्नी अपराध-बोध से ग्रस्त हो जाते हैं। क्योंकि, उस चिट्ठी की पहली प्रतिक्रिया अम्मां पर होती है। वे बड़बड़ाना शुरू कर देती हैं, "इनके लिए तो बहन भार हो गई थी न। बस, ठांव देखा न ठिकाना, झोंक दी भट्ठी में।"

अम्मां को तो बस कुछ न कुछ कहते रहना है। उनकी इन्हीं बातों से तंग आकर वे लोग निम्मी के वक्त थोड़ा सुस्त हो गए हैं तो अम्मां-बाबूजी सौ बार सुना चुके थे—"दो-दो भाई हैं, पर किस काम के? मजे से हाथ पर हाथ धरे बैठे हैं। कल को लड़की किसी का हाथ पकड़कर भाग जाएगी, तब अक्ल ठिकाने आएगी।"

परेशान हैं मोहन-शीला, किसी करवट उन्हें चैन नहीं है। और अब फिर पम्मी की चिट्ठी आई है—"अब इस घर में मेरा निबाह नहीं हो सकता। आप लोग मुझे आकर लिवा ले जाइए, नहीं तो मैं कुछ खाकर सो रहूंगी।"

पम्मी का यह नाटक पिछले चार सालों से चल रहा है। पांच साल के वैवाहिक जीवन में मुश्किल से एक साल शांति से गुजरा होगा। पता नहीं कब क्या हो जाता है और वह अपनी लड़की को गोद में उठाकर यहां चली आती है। शुरू-शुरू में तो सब उसे हाथों-हाथ लेते थे। सबको उससे सहानुभूति भी थी। बाबूजी खुद जाकर दो-चार बार समधीजी से बेटी के किए-अनकिए अपराधों की माफी मांग आए। दो-चार बार दामाद को घर बुलाकर समझाया-बुझाया गया। पर हर बार कोई क्या करे?

अब तो खीझ-सी होने लगी है।

पम्मी जब भी आती है, घर का बना-बनाया रुटीन तहस-नहस हो जाता है। बजट की धज्जियां उड़ जाती हैं। शीला तो उन दिनों अपने सारे अरमानों की, भावनाओं की गठरी बनाकर मन के एक कोने में पटक देती है, क्योंकि और सब लोग तो अपने-अपने काम से बाहर निकल जाते हैं, पम्मी की दर्द-भरी दास्तान और अम्मां के ताने उसी के हिस्से में आते हैं। यह तो वह किसी तरह सह जाती है, पर जब उसके फूल से बच्चे उपेक्षा का शिकार होने लगते हैं तो उसका खून खौल जाता है। उनके कपड़े, खिलौने, यहां तक कि दूध में भी पम्मी की मुनमुन का हिस्सा निकालना पड़ता है। दिन-भर दादी की डांट पड़ती है सो अलग।

दुखियारी बेटी के लिए अम्मां उन दिनों कुछ ज्यादा ही तरल हो जाती हैं। आए दिन घर में पूड़ी-पकवान बनने लगते हैं। अम्मां रोज पम्मी को लेकर रिश्तेदारों के यहां निकल जाती हैं और रिक्शे-तांगे में ढेर-सा रुपया फूंक डालती हैं। पम्मी का मन बहलाने के लिए निम्मी को ठेल-ठालकर उसके साथ सिनेमा या पार्क में भेज देती हैं। इन सब कार्यक्रमों के लिए शीला को ही पैसे देने पड़ते हैं, और वह भी खुशी-खुशी। नहीं तो अम्मां का पारा चढ़ जाता है।

बजट के गड़बड़ाते ही सारी व्यवस्था चरमराने लगती है। हर कोई एक-दूसरे पर खीझ उतारने लगता है। आरोपों-प्रत्यारोपों का एक दर्दनाक सिलसिला शुरू हो जाता है। घर जैसे नर्क बन जाता है। तब ऊबकर पम्मी कहती है—"यही सब सहना था तो मैं अपने घर में क्या बुरी थी?"

सारा घर जैसे सांस रोके इसी क्षण की प्रतीक्षा में जीता है। बाबूजी फौरन उसकी बात को उठा लेते हैं और तैयारी का आदेश जारी करते हैं। फिर ढेर सारे साज-सामान के साथ भाई लोग उसे ससुराल छोड़ आते हैं। यह विदाई भी कम जानलेवा नहीं होती। घर की मामूली-सी आय में एक बड़ा-सा छेद कर जाती है। कई जरूरी खर्च, जैसे अम्मां की चप्पल, बाबूजी का टॉनिक, सोहन का स्वेटर या निम्मी का सूट, अगली किसी शुभ घड़ी के लिए टल जाते हैं। फिर भी सब लोग राहत की, संतोष की सांस लेते हैं।

पर खर्च की यह गहरी खाई ठीक से पट भी नहीं पाती कि पम्मी का खत फिर आ जाता है।

दो दिन तक लगातार तनाव झेलने के बाद शीला से नहीं रहा गया। पति से बोली—"देखो, तुम तो दिन-भर बाहर रहते हो। इनकी नजरें झेलनी पड़ती हैं मुझे। ऐसे देखते हैं, जैसे मैं कोई हत्यारिन हूं।"

"तो क्या करूं?"

"उसे लिवा लाओ।"

"इसका मतलब क्या होता है, जानती हो न?"

"जानती हूं, पर उपाय ही क्या है? कल को कुछ हो गया तो जिंदगी-भर सबके ताने, उलाहने सुनने पड़ेंगे।"

सुबह दफ्तर जाते हुए मोहन ने सबके सामने सबको सुनाते हुए सोहन से कहा—"ये दो सौ रुपए रखो और दोपहर की गाड़ी से निकल जाओ।"

"कहां?"

"जयपुर। पम्मी को लिवा लाओ। फिर यहां जैसा होगा, भुगत लेंगे।"

अम्मां का चेहरा एकदम खिल उठा। वे बड़ी आशा से सोहन को देखती रहीं। पर वह पत्थर की मूर्ति की तरह निश्चल खड़ा रहा। रुपयों को उसने छुआ भी नहीं। आखिर मोहन को पूछना ही पड़ा—"क्या सोच रहे हो?"

"भैया, दीदी का आना क्या दो महीनों के लिए टल नहीं सकता?"

"क्यों?"

"क्यों क्या, जानते तो हैं कि यह मार्च का महीना है। आपको अपने टीनू, मीनू की चिंता न सही, मेरा और निम्मी का तो खयाल कीजिए। दोनों की परीक्षाएं सिर पर हैं। इस समय तो कोई भी मेहमान अखरता है। दीदी तो फिर आप जानते ही हैं, आते ही सारा वातावरण गंदला करके रख देती हैं। घर में पांव

देने की इच्छा नहीं होती। पढ़ाई क्या खाक होगी?"

"आप तो खुशकिस्मत हैं छोटे भैया", निम्मी ने सुर मिलाया—"घर में पांव देने की इच्छा न हो तो दोस्त के घर जाकर पढ़ सकते हैं। हम क्या करें? दीदी आती हैं तो कितना काम फैल जाता है। वे तो किसी काम में हाथ नहीं लगातीं, बस दिन-भर बैठी बिसूरती रहती हैं। अपनी बिटिया तक तो उनसे संभलती नहीं। उसे भी हम पर थोप देती हैं।"

अम्मां एकदम हतप्रभ थीं—"तुम दोनों को अपनी सगी बहन भी जहर लग रही है। वाह रे कलजुग!"

मगर शीला खुश थी। अच्छा हुआ कि अम्मांजी जान तो गईं कि पम्मी का आगमन सारे घर के लिए कितना अनचाहा अध्याय है। सबसे ज्यादा खुशी तो इस बात की थी कि जो कुछ कहा, सोहन ने कहा। निम्मी ने कहा। मोहन और शीला के सिर कोई बुराई नहीं आई।

उसके बाद वह प्रसंग एक तरह से समाप्त ही हो गया था। बाबूजी नें पम्मी को लिख दिया था कि बच्चों की परीक्षा के बाद वे खुद आकर उसे लिवा ले जाएंगे। इसी आशय का एक अनुरोध पत्र उन्होंने समधीजी को भी लिख दिया था। मोहन से कह दिया था कि एकाध पत्र बहनोई को भी लिख दे। हमउम्र हैं दोनों। दो बातें वह प्यार से समझा देंगे।

लेकिन इस बार पम्मी ने किसी का इंतजार नहीं किया। वे छुटकारे की सांस ठीक से ले भी न पाए थे कि वह रोती-झींकती आ पहुंची। उसे देखते ही सबके चेहरे फक पड़ गए।

उस दिन घर में उत्सव का-सा वातावरण था। मोहन ने अपने एक परिचित को सपरिवार आमंत्रित किया था। यह निमंत्रण अनायास या अहेतुक नहीं था। निम्मी के लिए उस घर में बात चलाने की योजना थी। वे लोग इस बहाने घर को, निम्मी को देख लें, यही इच्छा थी।

घर को उस दिन विशेष यत्न से संवारा गया था। निम्मी भी सजी-धजी गुड़िया-सी बैठी थी—इतनी चुप-चुप, जैसे कि मुंह में जुबान ही न हो। और सबने भी अपनी बेहतरीन पोशाकें पहन ली थीं। शीला ने जिद करके सास को भी कलफ लगी साड़ी पहना दी थी। वे मिश्री की डली बनी मेहमानों से बतिया रही थीं। बाबूजी सबके बीच में चुपचाप बैठकर सामने वाली पार्टी को आंक रहे थे—परख रहे थे। शीला रसोई में व्यस्त थी। सोहन बाजार के चक्कर काट

रहा था। मौका लगते ही बहन को चिकोटी काट लेता था।

माहौल खुशी से सराबोर था कि पम्मी घर में भूचाल की तरह दाखिल हुई। आते ही उसने बुक्का फाड़कर रोना शुरू कर दिया—"मुझे वहां भट्ठी में झोंककर यहां सब बैठकर गुलछर्रे उड़ा रहे हैं। इतनी चिट्ठियां लिखीं, पर कोई झांकने भी न आया। किसी को परवाह नहीं है कि पम्मी जिंदा है या मर गई। इतनी ही भारी लगती हूं तो हाथ-पांव बांधकर कुएं में फेंक दिया होता। बार-बार तंग तो नहीं करती। पर जब आपके पास देने के लिए कुछ नहीं था, तो मेरी शादी क्यों की?"

लड़के वालों के सामने अच्छा-खासा नाटक हो गया। महफिल तो उखड़नी ही थी। बार-बार क्षमायाचना करके उन लोगों को विदा किया। उनके यहां से क्या जवाब आएगा, यह तो करीब-करीब निश्चित ही था। बड़ी मुश्किल से कहीं बात लगी थी। सब चौपट हो गया। महीने के अंतिम दिन थे। फिर भी मोहन ने जी कड़ा करके स्वागत-सत्कार में सौ-पचास फूंक डाले थे। सब पर पानी फिर गया।

घर में जैसे मातम छा गया। निम्मी तो खटपाटी लेकर ऐसी पड़ गई कि उसने खाना भी नहीं खाया। और लोग भी पम्मी से खिंचे-खिंचे ही रहे। अम्मां और भाभी को छोड़कर किसी ने ठीक से कुशलक्षेम भी नहीं पूछी।

अपने स्वागत का यह नया अंदाज देखकर पम्मी सहम गई। दो दिन तो उसने किसी तरह सब्र कर लिया। तीसरे दिन फट ही पड़ी—"लगता है, किसी को मेरा आना अच्छा नहीं लगा। पहले से जानती तो यहां आती ही क्यों? अपमान ही सहना है तो अपने घर सहूंगी। घर में नहीं निभेगी तो कहीं नौकरी कर लूंगी।"

सोहन भी जैसे तैयार ही बैठा था। बोला—"तो कर लो न नौकरी। जिंदगी-भर भैया-भाभी की छाती पर मूंग दलना क्या जरूरी है? जब मन होता है, मुंह उठाकर चली आती हो। आखिर तुम्हारे लिए कोई कितना करेगा? घर में एक और लड़की भी है।"

"आती हूं तो अपने बाप के घर आती हूं", पम्मी ने तमककर कहा—"तुम्हारे दरवज्जे आऊं तब आंखें दिखाना।"

"बाप का घर, हूं...।" कहकर सोहन बाहर चला गया। वह अपने दिल का गुबार निकाल चुका था। सुखी है सोहन। अविवाहित है इसलिए मन की बात बेरोकटोक कह डालता है। कोई यह नहीं कह सकता कि बीवी ने उसके

कान भर दिए हैं।

अपमान से पम्मी के आंसू निकल आए। सबसे ज्यादा दुःख तो इस बात का था कि सोहन इतनी बड़ी बात कह गया और बाबूजी कुछ नहीं बोले। जिनके बल पर वह अकड़ रही थी, कानों में रुई दिए वे चुपचाप छत की कड़ियां गिनते रहे।

"बाबूजी!" उसने कातर स्वर में पुकारा।

"सब सुन रहा हूं बेटे", बाबूजी ने उसी तरह छत की ओर निर्मिमेष देखते हुए कहा—"पर सच बात तो यह है बेटा, कि अब तुम्हारे बाप का घर कहां रहा। सब तो चुक गया। पेंशन जो मिलती है, वह दवाइयों के लिए ही पूरी नहीं पड़ती। बेटे के भरोसे पर जी रहा हूं। अपनी लंबी-चौड़ी गृहस्थी उसके गले मढ़कर बैठा हूं। उसका बोझ और कितना बढ़ाऊं?"

"बाबूजी, लेकिन..."

"पम्मी बेटे, हम लोग तुम्हारे जन्म के जिम्मेदार हैं। कर्म तो तुम्हें अपने खुद ही झेलने होंगे। सुख-दुख जो भी हो, अपने घर में ही सहो बिटिया। कल को तुम यहां आकर बैठ जाओगी, तो बताओ, निम्मी को कौन स्वीकारेगा?"

पम्मी के सारे सवाल चुक गए थे और शायद उत्तर भी।

तीन-चार दिन बाद पम्मी को सोहन के साथ गाड़ी में बिठाकर लौटे तो बाबूजी को ऐसा लग रहा था जैसे बेटी को अंतिम विदा दे आए हों। अगर कल को कुछ हो गया—पम्मी के ससुराल वालों ने यदि सचमुच कोई षड्यंत्र रच डाला है तो वे भी उससे बरी नहीं हैं। इस साजिश में वे भी बराबर के हिस्सेदार हैं।

बोझ

थकी-हारी नीरू ने जब घर में प्रवेश किया तो एक अजीब-से सन्नाटे ने उसका स्वागत किया। बाबूजी अभी लौटे नहीं थे पर शेष सभी लोग घर में थे। यहां तक कि चुन्नू-मुन्नू भी। फिर भी इतनी शांति! उसे आश्चर्य हुआ। सबसे बड़ा अचरज तो यह था कि दोनों अच्छे बच्चों की तरह बस्ते खोलकर होमवर्क में जुटे हुए थे।

"अम्मां कहां हैं?" उसने धीरे से पूछा। चुन्नू ने आंगन की ओर इशारा कर दिया। नीरू ने खिड़की से झांककर देखा। आंचल से सिर-मुंह ढांपे हुए अम्मां झलगी खाट पर लेटी हुई थीं। वे सो रही थीं या जाग रही थीं यह जानने का कोई उपाय नहीं था।

मतलब एकदम साफ था—अम्मां का मूड आज फिर उखड़ा हुआ है। इतनी कोफ्त हुई नीरू को। वैसे ही जिंदगी बड़ी खुशगवार है! आए दिन इनका मूड उस पर कहर ढाता रहता है।

रसोई में आभा-विभा बैठी चावल बीन रही थीं। उनके पास बैठते हुए उसने धीरे से पूछा—"चाय पी ली तुम लोगों ने?"

आभा ने इशारे से ही मना कर दिया। नीरू का मन हुआ स्टोव जलाकर खुद ही सबके लिए बना ले। पर डर लगा, अम्मां पीएंगी भी नहीं और बकना शुरू कर देंगी कि कोई मरे या जिए इन्हें क्या, इन्हें तो बस दोनों वक्त निगलने के लिए चाहिए।

छीः, यह भी कोई जिन्दगी है। उसका मन कड़वाहट से भर आया। वहां

दिन-भर बच्चों से मगजपच्ची करते रहो और घर आओ तो एक कप चाय का भी सहारा नहीं।

उसने एक गहरा निःश्वास लिया और बांह का तकिया बनाकर वहीं ज़मीन पर लेट गई।

तहसील की घड़ी ने दूर कहीं पांच के घंटे दिए।

"नीरू नहीं लौटी क्या अभी?" अम्मां ने आंगन से आवाज दी।

"छोटी दी तो कब से आ गईं!" मुन्नू चिहुंका।

अब अम्मां उठकर भीतर आईं। उसे यूं फर्श पर लेटे देखकर उनका पारा सातवें आसमान पर पहुंच गया।

"उसे चाय भी बनाकर नहीं दी किसी ने? मिट्टी के लौंदे की तरह बैठी रहीं दोनों की दोनों।"

बेचारी आभा-विभा रोनी-रोनी हो आईं।

"मैंने ही मना कर दिया था अम्मां।" उसने थके स्वर में कहा—"अब बाबूजी आएंगे तो साथ ही ले लूंगी।'

बात कहते-कहते नीरू को डर हो आया कि अब बाबूजी के 'टाइम-बेटाइम' लौटने को लेकर प्रवचन शुरू हो जाएगा। पर सौभाग्य से वे जल्दी ही आ गए और चाय का कार्यक्रम सकुशल संपन्न हो गया।

शाम को बाबूजी एक वकील साहब के यहां टाइप करने जाते हैं। सो कोट चढ़ाते-चढ़ाते उन्होंने पूछा—"कोई चिट्ठी-पत्री?"

"कानपुर वालों की आई है।"

सबके कान खड़े हो गए। सच तो यह था कि अम्मां का मूड देखकर ही समझ लेना था कि दीदी की ससुराल से कोई समाचार आया होगा तभी अम्मां ऐसी बिफरी-बिफरी नजर आने लगती हैं।

"क्या लिखते हैं? बाल-बच्चे ठीक हैं?" बाबूजी ने बेजान-सी आवाज में पूछा।

"जगदीश शादी कर रहे हैं। 20 मई की साइत निकली है।"

नीरू को लगा, उसके कानों में किसी ने गरम तेल उंडेल दिया हो। वह अधिक न सुन सकी और आंगन में खटिया पर आकर गुमसुम बैठ रही। उसे अब अम्मां पर गुस्सा नहीं बल्कि दया आ रही थी। आंखों के सामने दीदी का

गुलाब के फूल-सा चेहरा तैर गया—गुलाब जो धीरे-धीरे मुरझाता, सूखता ही चला गया।

सात साल में तीन बच्चे और हर बच्चे के बाद दीदी जैसे मृत्यु के करीब होती चली गईं। अम्मां कहती हैं, वहां ढंग से देखभाल नहीं हुई होगी, नहीं तो बच्चे क्या किसी के होते नहीं। शादी के बाद से ही वे लोग नाराज रहे आए हैं। इसलिए दीदी बेचारी बुझी-बुझी-सी ही रहीं हमेशा। मुंह खोलकर कभी कुछ कहा नहीं, मांगा नहीं। तभी तो—

दीदी की मृत्यु के बाद वहां से लौटते हुए अम्मां-बाबूजी छोटे वाले दोनों बच्चों को साथ ले आए थे। उन लोगों ने भी खुशी-खुशी भेज दिया था। नीरू और अम्मां दिन-रात उन्हें चिपकाए रहतीं। पर दो महीने होते-होते ही लगा कि यह ममता उन पर भार बनती जा रही है। चुन्नू-मुन्नू को छटांक-आध छटांक दूध मिलता था वह भी बंद हो गया था। घर में दो-दो दिन तक सब्जी नहीं आ पाती थी। बच्चों के लिए कपड़े बनना मुश्किल हो गया। सारा बजट दोनों नवासों के दूध और दवाइयों पर ही खर्च हो जाता था। टॉफी और बिस्कुटों का खर्च था, सो अलग।

उन्हीं दिनों बाबूजी ने वकील साहब के यहां का काम स्वीकार कर लिया था। पर स्थिति किसी तरह सम्हल नहीं सकी। तब 4-5 महीने की अग्नि परीक्षा के बाद बाबूजी बच्चों को छोड़ आने पर विवश हो गए थे। दीदी की सास ने तब इतनी कंटीली बातें सुनाई थीं कि बस।

बच्चों के कारण नीरू को भी साथ जाना पड़ा था। बाबूजी के अपमान का कड़वा घूंट वह बड़ी मुश्किल से पचा पाई थी। पर सबसे ज्यादा अपमानित तो वह तब हुई थी जब जीजाजी की बुआ ने उसके लिए हल्के से इशारा किया था। उसका जी चाहा कि उन्हें खूब आड़े हाथों ले पर उसे मुंह खोलने की जरूरत ही नहीं पड़ी। बाबूजी ने खुद ही उन्हें टका-सा जवाब दे दिया—"एक ही लड़की देकर भरपाए हैं बहनजी, दूसरी बार वही गलती नहीं करेंगे।"

लौटते हुए सारे रास्ते नीरू की आंखों के सामने जीजाजी की भूखी निगाहें घूमती रहीं। उनका बात-बात पर पीठ पर धौल जमाना, चोटी खींचना और चिकोटी काटना याद आता रहा और उसका मन कैसा तो होने लगा।

कभी वह उनकी बहुत भक्त थी और वे उसके प्रशंसक थे। हमेशा कहते,

"यार नीरू! जरा अपनी दीदी को भी अपनी तरह स्मार्ट रहना सिखाओ।"

तब वह इस प्रशंसा से फूल उठती थी। सच तो था, सिर्फ तीन साल बड़ी दीदी उससे एकदम दस साल बड़ी दिखाई देने लगी थीं और यह अंतर हर साल बढ़ता ही जा रहा था।

अब इन सारी बातों को याद करना भी कितना कुत्सित लग रहा था।

रात जब सारे बच्चे सो रहे थे तब भी नीरू छत की कड़ियां गिनते हुए बिस्तर में चुपचाप पड़ी हुई थी।

रोज की तरह बाबूजी रात करके लौटे थे और अम्मां उन्हें खाना दे रही थीं। साथ ही साथ उनका बकना-झकना भी जारी था और न चाहते हुए भी नीरू के कानों तक सारी बातें पहुंच रही थीं।

"इन लोगों को शर्म भी न आई होगी, इतनी-इतनी तारीफ लिख भेजी है लड़की की। बी.ए. पास है, बैंक में नौकर है, बाप हेड मास्टर है, भाई इंजीनियर है—भला हमें यह सब सुनाने का मतलब!"

"दरअसल हमें जलाने के लिए ही लिखा है सब।" बाबूजी ने थके से स्वर में कहा—"नीरू के लिए मना कर दिया था न मैंने।"

कुछ देर शांति रही, फिर अम्मां की आवाज आई—"नीरू के लिए पूछा था उन लोगों ने?"

"हां।"

"और तुमने मना कर दिया?"

"हां।"

"लेकिन मना क्यों कर दिया? अक्ल पे पत्थर पड़ गए थे तुम्हारे। कम से कम मुझसे पूछा तो होता।" अम्मां का पारा फिर से चढ़ने लगा था।

"तुमसे क्या पूछना था। क्या तुम फिर उस नर्क में लड़की को झोंक देतीं।"

"लोग भी तो..."

"लोगों की बात अलग है।"

"क्या अलग है। हमीं कौन उसके लिए राजकुमार ढूंढ लाएंगे। बैसाख में चौबीस की हो जाएगी। अभी तक कोई जुगाड़ नहीं है, और आगे भी लगेगी इसका क्या ठीक है।"

"रेणु की मां, तुम भी कभी-कभी बेवकूफों की-सी बात करती हो।"

"बेवकूफी इसमें क्या है जी, ठीक ही तो कह रही हूं। क्या खोट है जगदीश में? जाना-पहचाना लड़का है, तहसीलदार है। नौकर-चाकर हैं, पैसा-टका है और क्या ढूंढते हैं हम। उम्र थोड़ी ज्यादा है पर अब सभी कुछ तो मिल नहीं सकता।"

"मैं तो हैरान हूं रेणु की मां! तुम्हीं दिन-रात उन लोगों को गालियां दिया करती हो और अब..."

"गालियां तो अब भी देती हूं, पर कम से कम एक लड़की तो सुभीते से पार हो जाती।" अम्मां का स्वर एकदम नीचे उतर आया था, इतना कि लगा रो ही देंगी अब।

गर्मी के बावजूद नीरू ने लिहाफ सिर तक ओढ़ लिया और साड़ी का पल्लू मुंह में ठूंसकर सिसकने लगी।

काश! दीदी की जगह ईश्वर ने उसे ही उठा लिया होता।

अपराजिता

"मम्मी! वह तुम्हारी फाकालाजी एक्सपर्ट चली आ रही हैं।" खिड़की में खड़ी हुई बेबी ने सूचना दी। यद्यपि उसकी मेरी ओर पीठ थी फिर भी मेरी कल्पना ने उसके चेहरे पर बिखरी शरारत-भरी हंसी देख ली थी।

"अपना यह गोरखधंधा जल्दी से समेट लो, नहीं तो वे आते ही कुछ कमेंट कर देंगी।" बेबी ने कहा।

वैसे उसके कहने की जरूरत नहीं थी। अंजू के आने की सूचना पाकर मैं खुद ही अपनी बुनाई का फैलाव समेटने लगी थी। तीन-चार पुराने स्वेटर खोलकर मैं एक रंगबिरंगा कार्डीगन बुन रही थी। निश्चित था कि आलोचना होगी और जरूर होगी। और मेरा मन कुछ ऐसा था कि जरा-सी आलोचना से ही टूट जाता था।

"तू उसे ड्राइंगरूम में ही बिठाना। मैं यह सब रखकर अभी आई।" मैंने कहा। बेबी ने सहमति में सिर हिला दिया पर साथ ही साड़ी बदलने की सूचना भी दे दी। अंजू की लकदक करती वेशभूषा के सामने मेरी घरेलू साड़ियां इतनी हास्यास्पद हो उठती थीं। इसी से बेबी की यह सूचना मैंने स्वीकार कर ली।

यह अंजू भी कैसी है—साड़ी बदलते हुए मैंने सोचा, बचपन की सारी आदतें उसमें ज्यों की त्यों हैं। जब छोटी थी तब भी नुक्ताचीनी करने का कोई मौका हाथ से नहीं जाने देती थी। और पम्मी, मेरी छोटी बहन रोनी-रोनी हो जाती थी। पम्मी घर में सबसे सुंदर भी थी और छोटी भी। हम लोग तरह-तरह से उसे सजाकर स्कूल भेजते पर अंजू का एक ही फिकरा उसकी सारी सज्जा पर पानी फेर देता था।

पम्मी की ही हमउम्र अंजू पड़ोस के ही घर में रहती थी। पिता तहसील में किसी पद पर थे। घर में 7-8 बच्चों का फैलाव था। आमदनी और खर्च का मेल बिठाने की कोशिश में पिता अक्सर घर से बाहर ही रहते। बार-बार की प्रसूतियों से त्रस्त कुटुंब की चिंता से ग्रस्त मां दिन-भर चीखती-चिल्लाती रहतीं। इस माहौल में बच्चे बढ़ रहे थे। पर फटे-पुराने कपड़ों में लिपटी रूखे बालों वाली अंजू का चेहरा उन आठ बच्चों में अलग ही चमकता था। उसके होंठ सदा भिंचे रहते, चेहरा सदा तमतमाया रहता। दूसरों पर वार करने का कोई अवसर वह खाली नहीं जाने देती।

अत्यधिक अभाव में पले बच्चों के मैंने दो ही पर्याय देखें हैं। या तो वे अत्यंत दयनीय बने हुए नम्रता की पराकाष्ठा बने रहते हैं, या फिर अंजू की तरह सम्मान के छोटे से कण के लिये भी हास्यास्पद ढंग से लड़ते रहते हैं।

अंजू अपनी इसी विशेषता के कारण मेरी स्मृति से ओझल नहीं हो पाई थी और इतने वर्षों के बाद भी मैं उसे पहचान गई थी। उम्र ने, शिक्षा तथा फैशन ने उसे संवार दिया था। पर संसार की ओर सदा तुच्छता से, तिरस्कार से देखने वाली वे आंखें ज्यों की त्यों क्रांतिकारी थीं।

न्यू मार्केट में हुई उस भेंट के बाद वह कई बार घर पर आई है और हर बार अपनी गर्वोक्तियों के कारण बच्चों के लिये मजाक का साधन बन गई है।

बाहर आने को थी कि बेबी ने दरवाजे पर ही रोककर फुसफुसाकर कहा—"एकदम न्यू ब्रांड साड़ी पहनकर आई हैं। तुम्हें कसम है जो जरा भी तारीफ की।"

उसके गालों पर एक हलकी-सी चपत जड़कर मैं बाहर आई। अंजू, सचमुच किसी फैशन मॉडल की तरह कोच पर सजी-धजी बैठी थी। उसकी नमस्ते का उत्तर देते हुए मैंने कहा :

"कहो अंजू! कैसी हो? आज फुरसत कैसे मिल गई तुम्हें? क्या छुट्टी ली है?"

"जी हां दीदी। आज मैंने ऑफ ले लिया है। वैसे बॉस तो कह रहे थे कि क्यों सी.एल. खराब करती हो—दो घंटे बैठकर चली जाना। पर मुझे इस तरह ओबलाइज होना अच्छा नहीं लगता।" आते-आते ही बातें शुरू हो गईं।

"हां, सो तो ठीक है।" इस तरह शुरू करके मैंने कुछ कहना चाहा पर

उसकी बात अभी पूरी नहीं हुई थी।

"दरअसल दीदी, बात यह है, बॉस मुझे जरा भी स्पेयर नहीं कर सकते। दफ्तर में और भी लोग हैं, पर वे किसी के साथ एडजस्ट ही नहीं हो पाते। इसीलिये मेरे ट्रांसफर की बात सुनते ही चीफ ऑफिस तक दौड़ जाते हैं। मेरा बस चले तो इस शहर में एक दिन न रहूं, पर क्या करूं—उनका मन रखना पड़ता है।"

यह बॉस पुराण शायद अभी और चलता पर बेबी बीच में कूद पड़ी। कहां तो मुझे कसम दिला रही थी, कहां खुद ही बोल उठी—"हाय आंटी, आज साड़ी क्या गजब की पहनकर आई हैं। कहां से ली? कितने की है? खूब कॉस्टली होगी न।"

"ऐसी ज्यादा कॉस्टली तो नहीं है", अंजू ने मुंह बनाकर कहा—"मुझे सिर्फ अस्सी में पड़ी है। मिस नायर मैसूर गई थीं, उन्हीं से मंगाई है। यहां से तो मैं कभी खरीदती ही नहीं।"

"आंटी, आपकी तो मौज है। आपकी फ्रेंड्स कभी मैसूर, कभी कश्मीर, कभी कलकत्ता जाती रहती हैं और आप चुपके-चुपके साड़ियां मंगाती रहती हैं। पर यह साड़ी आपको हजम नहीं होने दूंगी, कहे देती हूं।" बेबी ने लाड़-भरी जिद की।

"तो ले लो न, मना कौन करता है।" अंजू ने अत्यंत कृपावंत होकर कहा—"वैसे भी मुझे इसका टेक्चर कुछ खास नहीं जंच रहा।"

पर इतने पर ही चुप कर जाये वह बेबी कैसी। नाटकीय मुद्रा में बोली—"पता नहीं मुझ पर यह रंग सूट करेगा भी या नहीं। आप पर तो इतना खिल रहा है।"

मेरे लिये हंसी जब्त करना कठिन हो गया और मैंने स्वर को यथासाध्य कठोर बनाकर कहा—"बेबी! जरा चाय का प्रबंध करो। आंटी की क्या सिर्फ बातों से ही खातिर होगी।"

बड़े बेमन से बेबी ने रसोई का रुख किया। बेचारी बेबी सोचती है अंजू मुझ पर रोब डालना चाहती है इसीलिये उससे नाराज है। उसे क्या मालूम, अपनी संपन्नता का नाटक कर अंजू मेरे दिल से दरिद्र बचपन की याद पोंछ डालना चाहती है। उसका यह प्रयत्न इतना दयनीय होता था कि गुस्से के बजाय मुझे दया ही हो आती थी।

बेबी की बात का सूत्र पकड़कर अंजू ने बताया कि इस साड़ी को लेकर आज उसे कितने काम्पलीमेंट्स मिल चुके हैं। यह भी बताया कि हर रंग उसे सूट कर जाता है और उसके साथ काम करने वाली लड़कियां इस कारण उससे ईर्ष्या करती हैं।

फिर दफ्तर की चर्चा चल पड़ी। बॉस उससे कितना खुश हैं, उससे कितनी नम्रता से पेश आते हैं, कलिग्ज उससे कितना खौफ खाते हैं। दफ्तर नें उसका कितना रोब है...। वही-वही बातें। सुन-सुनकर मुझे याद-सी हो गई थीं।

हर बार की तरह एकाध विवाह-प्रस्ताव का भी जिक्र हुआ। शुरू-शुरू में तो मैं इन प्रस्तावों को बड़ी गंभीरता से लेती थी और बड़ी बहन के नाते अपनी सलाह भी देती थी। पर अब पता चल गया था कि मेरी सलाह की जरा भी आवश्यकता नहीं है। यह तो महज उसकी लोकप्रियता का विज्ञापन था। वह शायद बतलाना चाहती थी कि उसके चाहने वालों की कमी नहीं है, उसके निर्णय की प्रतीक्षा-भर शेष है।

इसी बीच चाय आ गई। कप में चाय डालते हुए बेबी ने कहा—"आंटी, यह मठरी चखिये। मैंने बनाई हैं।"

"अरे! तुम यह सब बना लेती हो।" अंजू ने आश्चर्य में भरकर कहा, "आप विश्वास नहीं करेंगी दीदी, मुझे चाय तक ढंग से बनानी नहीं आती। इसीलिए मैं पेइंग गेस्ट की तरह रहती हूं—पहली तारीख को पैसे फेंके और सब झंझटों से छुट्टी।"

अंजू की इस बात पर मेरी कल्पना में उसके बचपन का घर तैर गया। नवजात शिशु को बगल में लिये मां बिस्तर पर लेटी रहती और उनके निर्देशन में छोटी-बड़ी सब बहनें रसोई में जुटी रहतीं। कच्ची-पक्की रसोई बनाकर जब वे निबटतीं तो स्कूल का समय कभी का बीत चुका होता। महीने में बीस दिन प्रायः ऐसे ही निकल जाते।

चाय खत्म होते-होते बेबी को याद आया, "आंटी! मौसी ने फोटो भेजी है, देखेंगी?"

बेबी के हाथ से फोटो लेकर अंजू देर तक फोटो देखती रही। बचपन में पम्मी का मजाक बनाने वाली अंजू से इस समय भी मैं कुछ सुनने की प्रतीक्षा में थी। पर वह कुछ नहीं बोली। फोटो सचमुच सुंदर थी। दोनों बच्चे फूल की तरह कार के बोनट पर बैठे थे। उनके पीछे कंधे से कंधा लगाये डॉक्टर साहब

और पम्मी थे। पम्मी पहले से भी अधिक सुंदर लग रही थी। डॉक्टर साहब के कंधे पर कुछ इस अंदाज से झुकी हुई थी कि सारा चित्र उसके मधुर समर्पण का प्रतीक बन गया था।

"फोटो के साथ जो पत्र आया है उसे सुनोगी?" मैंने कहा और उसकी सम्मति की प्रतीक्षा किये बिना वह अंश पढ़ने लगी जो पम्मी ने अंजू के लिये लिखा था—

दीदी! यह जानकर बड़ी खुशी हुई कि तुम्हारी वहां अंजू से मुलाकात हुई है। बचपन की कितनी ही यादें मन में तैर गईं। उसे मिले एक अर्सा हो गया। कैसी लगती है अब? कुछ मोटी हुई या वैसी ही है सूखे बांस की तरह? उससे कहो मुझे पत्र लिखे और अपनी एक तस्वीर भी भेजे। अकेली की नहीं—पूरी बटालियन के साथ। दीदी! उसके मियां से पूछना कि खाना-वाना बनाकर भी देती है या दिन-भर लड़ती ही रहती है।

पत्र पढ़ते-पढ़ते मैंने देखा—अंजू का चेहरा सफेद पड़ गया था। फोटो उसके हाथ में कांप रहा था। उसकी मुद्रा किसी हारे हुए सैनिक की तरह दयनीय हो उठी थी। 29 वर्ष की अनब्याही उम्र व्यथा बनकर उसके सारे व्यक्तित्व पर छा गई थी। उसका यह रूप मुझे भीतर तक मथ गया। ममता से भरकर मैंने कहा—"माफ करना अंजू, मैं उसे यह लिखना भूल गई थी कि तुमने अभी तक शादी नहीं की। लेकिन सच तो यह है, तुम्हें अब शादी कर लेनी चाहिए। पम्मी को देखो, दो बच्चों की मां बन गई है। तुम भी झटपट कोई निर्णय ले डालो। हर काम समय पर ही अच्छा लगता है। चाची भी चिंता से मुक्त हो जायेंगी।"

"आप क्या सोचती हैं दीदी, मेरी अम्मां शादी की चिंता में घुली जा रही हैं। नहीं दीदी, हमारे मां-बाप बड़े परमहंस प्रकृति के हैं। उन्होंने सिर्फ हम लोगों को जन्म देने भर की चिंता की थी। शेष भार परमपिता परमेश्वर को सौंप दिया है।"

"छीः! अंजू! ऐसा नहीं कहते।" मैंने बेबी की उपस्थिति से संकुचित होते हुए कहा।

"जाने दीजिये! आपको ऐसी बात सुनने तक में अच्छी नहीं लगती जब कि हमने इसे जिया है। आपकी कल्पना में मां-बाप त्याग और तपस्या के प्रतीक हैं। हमारे लिये मां-बाप केवल अभावों के आश्रयदाता हैं। जानती हैं दीदी, जिस उम्र में बच्चे ठीक से बोलना भी नहीं जानते, उस उम्र में हमने इच्छाओं को

मारना सीख लिया था। बड़ा कठिन दुःख है दीदी, सिर्फ सहकर ही जाना जा सकता है।'' कहते-कहते अंजू हंस पड़ी। ऐसी हंसी जो रोने से भी अधिक करुण थी।

''लेकिन अंजू! बीती बातों पर सोचने से क्या फायदा है।'' मैंने समझाते हुए कहा, ''अब तो तुम स्वतंत्र हो। अपने पैरों पर खड़ी हो। तुमसे विवाह करने के इच्छुक व्यक्तियों की भी कमी नहीं। तुम अपना भविष्य खुद बना सकती हो। जानती हो, पम्मी ने अपनी शादी खुद तय की थी। पिताजी तो तब थे भी नहीं।''

''आप बार-बार पम्मी से मेरी तुलना क्यों करती हैं?'' उसने खीझकर कहा, ''पम्मी के पिताजी उसके लिये सुंदर भविष्य की योजना बनाकर गये थे। हमारे पूज्य पिताजी हमारे लिये क्या छोड़ गये हैं—एक बीमार मां, चार छोटे भाई-बहन और ढेर सारा कर्ज।''

''लेकिन तुम्हारे बड़े भाई हैं तो!''

''अपनी रोजी कमाने लायक तो उन्हें किसी ने पढ़ाया नहीं, परिवार का भार वे क्या उठायेंगे। बहनों की शादी भी की है तो ऐसी जगह कि एक दिन के लिये भी उनके आंसू नहीं सूखे। दान-दहेज के अभाव में अच्छे घर मिलते भी कहां से।''

मैं चुप थी। क्या कहती।

''इतनी सारी जिम्मेदारियों के साथ मुझे कौन ब्याहना चाहेगा दीदी! और मेरा स्वाभिमान भी यह गवारा नहीं करेगा। अपने सुख के लिये मैं इन लोगों को जिंदगी की सड़क पर बेसहारा नहीं छोड़ सकती और न ही मैं किसी के उपकारों का बोझ बनना चाहती हूं। चाहे वे मेरे पति ही क्यों न हों, अपने सिर पर ले सकती हूं।'' कहते-कहते उसके मुख पर पहले की-सी चमक लौट आई थी।

''अब थोड़े दिनों की और बात है। चारों कॉलेज में पढ़ रहे हैं। पढ़ाई खत्म होते-होते मैं बहनों की शादी कर दूंगी। छोटा भाई इंटेलिजेंट है। डॉक्टर बनने का मेरा सपना वह पूरा कर रहा है। इन सबसे निपटने के बाद समय रहा तो अपने बारे में सोचूंगी। जन्मदाताओं की भूलों का मैं अकेली ही प्रायश्चित्त कर लूंगी। कम से कम चार मासूम जिंदगियां तो उस अभिशाप से बच जायेंगी।''

बोलते-बोलते श्रम से, उत्तेजना से उसका चेहरा तमतमा आया था। अब

उस पर मुझे हंसी नहीं आ रही थी। उसका यह रूप मेरे लिये नया था। संसार को तुच्छ समझने वाली, हमेशा अपने पर गर्व करने वाली अंजू के लिये मन में श्रद्धा जाग रही थी। लग रहा था यह उसका अधिकार है। क्योंकि उसने विषम परिस्थितियों के बीच से अपना रास्ता खुद बनाया है, अपने साथ चार व्यक्तियों का निर्माण किया—उसने दया की भीख को ठुकराकर हमेशा अपने कृतित्व का सहारा लिया है। सचमुच आज भी वह अपराजिता है।

विदा

“जगन और सुषमा गोआ से लौट आए हैं।” हॉस्पिटल से लौटकर इन्होंने बताया तो इतनी उत्कंठित हो उठी मैं कि खाना लगाना भूलकर दनादन प्रश्नों की बौछार कर बैठी—

“कब लौटे वे लोग? कहां-कहां घूम आए? बंबई में रुके थे क्या? अपने घर राजनांदगांव गए थे क्या? वहां कैसा स्वागत हुआ? कुछ मिलाकर ट्रिप कैसी रही?”

“बस करो भई, एक साथ कितने प्रश्न पूछ डालोगी”, इन्होंने मेरी प्रश्नमालिका को बीच ही में काटते हुए कहा—“इन सब बातों के उत्तर तो मैं दे भी नहीं पाऊंगा। इस तरह कुरेद-कुरेदकर सारी बातें पूछना तो तुम्हीं लोगों को आता है। सो तुम्हीं पूछ लेना। हम लोग तो इतने गहरे में कभी जाते नहीं। वैसे भी हनीमून ट्रिप के बारे में क्या पूछना है? अच्छी ही रही होगी।” इन्होंने शरारती ढंग से आंखें नचाते हुए कहा।

“अच्छाजी, रहने दीजिए। मालूम है, कितने गहरे में हैं आप। वहां सबने मिलकर उसे बोर कर डाला होगा—खैर छोड़िए। यह बताइए, सुमि आई थी ड्यूटी पर? कैसी लग रही थी?”

“फिर वही औरतों वाली बात। कैसी लग रही है, यह कल खुद ही देख लेना। मैं लंच पर आमंत्रित कर आया हूं दोनों को।”

“कल! लंच पर! क्यों?” मेरी सारी उत्सुकता अब खीझ में बदल गई थी।

“क्यों से क्या मतलब? अपने दोस्त को शादी की दावत भी न दूंगा क्या मैं? और फिर यह उसका फेयरवेल भी होगा।”

“फेयरवेल?”

“हां। लौटते हुए वह अपना ट्रांसफर ऑर्डर भी लेता आया है। दोनों रायपुर जा रहे हैं।”

“चलो, यह अच्छा रहा। एक ही शहर में यहां उनका रहना ठीक भी नहीं था। रायपुर से जगन का घर भी पास पड़ेगा। पर यह खाने का झंझट बेकार रख दिया आपने। मेरा मतलब है—जनता वैसी ही जली-भुनी बैठी है”, मैंने चिंतित स्वर में कहा।

“जनता को मारो गोली। क्या लोगों के डर से अपने दोस्त को छोड़ दूंगा मैं। बुलाऊंगा और डंके की चोट बुलाऊंगा। आय डोंट केयर।”

“मुझे सचमुच डर लगता है—”

“अब तुम अपनी भिनभिनाहट बंद करो भई और खाना लगाओ”—इनका पारा गरम हो चला था।

मैंने चुप रहने में ही अपनी कुशल समझी और किचन में आकर खाना गर्म करने लगी। वे बौखला गए थे तो ग़लत नहीं था। पौने दो हो रहे थे।

दो कौर पेट में जाते ही इनका मूठ ठीक हो गया और ये पूर्ववत् हंसने-बोलने लगे। ये घर में रहे तब तक मेरा मूड भी ठीक ही बना रहा। पर जब चाय पीकर पांच बजे ये अपनी ड्यूटी पर निकल गए तो मेरा मन फिर आशंकाओं से घिर गया। हाथ तो मेरे काम कर रहे थे, पर सामान की लिस्ट बनाते हुए, नए टेबलमेट्स निकालते हुए, दही-बड़ों की दाल भिगोते हुए चिंता की पर्त-सी मन पर छाई रही।

चिंता का सबसे बड़ा कारण था सुमि का घर जो एकदम मेरे घर के पीछे था। हम लोगों के किचन गार्डन्स एकदम मिले हुए हैं और आंगन के दरवाजे एकदम आमने-सामने थे। ये दरवाजे प्रायः खुले ही रहते और दोनों घरों का एक घर हो जाया करता था। मुकुल अक्सर उस घर की मांजी के पास ही बना रहता था और उस घर की सुषमा इस घर में। वह मेरी हमउम्र थी और इनकी हमपेशा इसलिए इस घर में उसका आना-जाना अक्सर बना रहता था। मुझे भी इस नए शहर में एक प्यारी-सी सहेली मिल जाने पर खुशी ही हुई थी।

यह तो बहुत बाद में जाना कि सुमि का इस घर के प्रति जो आकर्षण है उसके मूल में सिर्फ मैं ही नहीं हूं—जगन भी है। जगन इनका सबसे प्यारा दोस्त था—हंसमुख, बातूनी, आकर्षक व्यक्तित्व का धनी। हर दूसरे-चौथे दिन

घर आ जाता। जब तक वह यहां रहता, सुमि भी जमी रहती। हम चारों का एक अच्छा ग्रुप बन गया था। पिक्चर, पिकनिक, शॉपिंग—कोई भी प्रोग्राम हो हम लोग साथ जाते। मौसम इजाजत नहीं देता तो घर पर ही ताश की बाजी जम जाती। नन्हा मुकुल खिलौना बना सबके बीच में घूमता रहता।

मेरी भी नई-नवेली गृहस्थी थी। अपने आनंद में आकंठ डूबी हुई मैं दीन-दुनिया से बेखबर थी। जगन और सुषमा के बीच चल रहे प्रणय-व्यापार का मुझे कितने दिनों तक पता ही नहीं चला। सच तो यह है कि जगन ने ही अपना राज मुझ पर खोला था। सुनकर एकबारगी तो मैं भौंचक्की रह गई थी। और फिर अपनी ही बेवकूफी पर खूब हंसी आई थी कि इतने दिनों तक कैसे आंखों पर पट्टी बांधकर बैठी रही मैं।

जगन पंडित परिवार के यहां स्वयं जाने की हिम्मत नहीं जुटा पा रहा था। इसीलिए मुझे अपना वकील बनाकर वहां भेजना चाह रहा था। सब-कुछ सुन लेने के बाद मुझमें एक उत्साह का संचार हो गया था। मैंने खुशी-खशी उसका अनुरोध स्वीकार कर लिया।

पर मेरी वह खुशी ज्यादा देर नहीं टिक सकी।

सुषमा के घर जाकर मैंने मुंह खोला-भर था, लगा जैसे कोई विस्फोट हो गया हो। उसके पिताजी तख्त पर बैठकर किसी धार्मिक ग्रंथ का पाठ कर रहे थे। हालांकि बात मैंने सीधे उनसे नहीं कही थी, मांजी को माध्यम बनाया था। पर मेरी बात समाप्त होते न होते उन्होंने एक भारी आवाज के साथ पुस्तक बंद की, चश्मा उतारकर हाथ में लिया और फिर जो बोलना शुरू किया तो हमारी अगली-पिछली सातों पीढ़ियों का तर्पण कर डाला। मैं हक्की-बक्की होकर उनका मुंह ही देखती रह गई। बड़ी देर बाद समझ में आया कि विवाह का प्रस्ताव तो मैं लेकर पहुंच गई थी पर वर के कुल-गोत्र, जाति-पांति का विचार मुझे छू भी नहीं गया था। उनकी बमबारी बदस्तूर जारी थी। जनेऊ हाथ में लिए वे तरह-तरह के श्राप दिए जा रहे थे। लफंगों को घर में बुलाने के लिए दोष दे रहे थे। उनके आरोपों का प्रतिवाद करने की न तो मुझमें शक्ति थी, न साहस था। मैं तो बस बुत बनी खड़ी रह गई थी। अंत में जब उन्होंने मुकुल को मांजी की गोद से खींचकर मेरे सामने पटक दिया तब कहीं मुझे होश आया। अपमान और आंसू—दोनों को बड़ी मुश्किल से जब्त करती हुई मैं घर लौट आई थी। ये उतना-सा अंतर तब मील-भर का हो गया था।

और बात यहीं पर नहीं रुकी। शाम को पदम भैया दरवाजे पर आ गए थे और सारा लिहाज छोड़कर वाही-तबाही बकने लगे थे। सुषमा पता नहीं कब घर से निकल गई थी और उन्हें हम लोगों पर शक था। वे तो मरने-मारने पर उतारू होकर आए थे। पास-पड़ोसी बीच-बचाव न करते तो पता नहीं उस दिन क्या हो जाता।

दूसरे दिन सुना सुषमा और जगन का विवाह हो भी गया और वे लोग घूमने चले गए। घर वालों का रुख देखकर ही शायद सुषमा ने शीघ्र निर्णय ले लिया होगा। ये और दूसरे चार-पांच डॉक्टर्स शादी में गए भी थे। पर मुझे इन्होंने जान-बूझकर नहीं बताया। मेरे डरपोक स्वभाव से अच्छी तरह परिचित जो थे। विवाह की खबर सुनकर डर गई थी कि अब फिर कुछ हंगामा होगा। पर वैसा कुछ नहीं हुआ। वे लोग हाथ मलते रह गए थे। लड़की सज्ञान थी और कानून उसके पक्ष में था।

हम दोनों परिवारों का वह स्नेह-संबंध एकदम टूट गया था। पीछे का दरवाजा अब मैंने बंद ही कर दिया था। बाड़ी में भी चोरों की तरह जाती। उन लोगों के 'आशीर्वचन' फिर भी सुबह-शाम सुनाई दे जाते और मैं तिलमिलाकर रह जाती। वैसे भी लड़ना मेरे स्वभाव से मेल नहीं खाता और इन्होंने भी चुप रहने की सख्त हिदायत दे रखी थी। यह एक-पक्षीय युद्ध फिर ज्यादा दिनों तक नहीं चला। वे लोग खुद ही थक-हारकर चुप हो गए। पंद्रह दिनों से तो बिल्कुल अमन-चैन था। मैंने छुटकारे की सांस ली ही थी—और इन्होंने यह आयोजन कर डाला।

फिर से सारे प्रसंगों की पुनरावृत्ति को झेलना मेरे बस की बात नहीं थी। और इसलिए डर लग रहा था।

सब्जी वगैरह हम रात को ही ले आए थे क्योंकि सुबह तो इनके पास समय होता नहीं। उपहार में देने के लिए स्टील का लेमन-सेट भी ले लिया था।

फिर भी बिस्तर पर पड़े-पड़े मुझे याद आया कि हरी मिर्च तो बिल्कुल ही नहीं ला पाए हैं। दरअसल जब से थोड़ी-थोड़ी आंगनबाड़ी शुरू की है—हरा धनिया, हरी मिर्ची, पुदीना वगैरह लाने की आदत छूट-सी गई है। इनसे कहना तो बेकार था, उलटे झल्ला पड़ते।

मुंह अंधेरे ही उठकर मैं बाड़ी की ओर चली गई। अजीब-सी परिस्थिति हो गई है। अपने ही घर में चोरों जैसे रहने लगे हैं आजकल। जरूरत-भर मिर्च

तोड़कर लौट ही रही थी कि आवाज आई, "बहू!"

चौंककर देखा, मांजी ही थीं। इतने अधिकार से मुझे–'बहू' कहने वाला यहां और है ही कौन।

दरवाजे पर ठिठककर खड़ी रह गई मैं।

उन्होंने एक बार कनखियों से अपने सोये घर की ओर देखा और पूछा, "आज सुमि आ रही है ना?"

"आपको कैसे मालूम हुआ?" मैंने सशंकित स्वर में पूछा।

"कल डॉक्टर साहब बात कर रहे थे तब सुना था।"

इतना गुस्सा आया मुझे। क्या इन लोगों के कान इधर ही लगे रहते हैं? इच्छा तो नहीं थी पर शिष्टाचारवश रुक ही जाना पड़ा। मांजी शायद कुछ कहना चाह रही थीं क्योंकि पहले तो उन्होंने अपना दरवाजा बाहर से बंद किया और फिर अपने बगीचे के सिरे पर आकर खड़ी हो गईं। फिर भी उनकी हिम्मत नहीं पड़ रही थी और वे सशंकित नजरों से बार-बार पीछे मुड़कर देख रही थीं।

कुछ क्षण तो मैंने प्रतीक्षा की फिर तंग आकर कहा–"अंदर आ जाइए न मांजी।"

"न बेटे, अंदर नहीं आऊंगी। बाप-बेटे दोनों ने मिलकर कसम जो दे दी है। यहां तक भी बड़ी चोरी से आई हूं। ये पूजा पर बैठे हैं और बाकी सब लोग सो रहे हैं। सुमि के आने की बात सुनी न तो रहा नहीं गया।–कितने बजे आ रहे हैं वे लोग?"

"एक बजे तक आएंगे। ड्यूटी खत्म होने के बाद।" मैंने रूखे स्वर में कहा। कसम वाली बात सुनकर मेरा दिमाग भन्ना गया था।

"तो बिटिया, मेरा एक काम करोगी?"

"क्या?"

"जाते समय सुपारी-चावल उसकी झोली में जरूर भर देना।"

"लेकिन मांजी..."

"इतनी-सी बात मुझ बुढ़िया की रख लो बिटिया। घर-वर तो जिसके भाग्य में जो होता है वही मिलता है, पर कन्या तो कन्या ही रहती है। उसे कभी भी सूने विदाई नहीं देनी चाहिए, अशुभ होता है। फिर आज वह पहली बार पीहर आ रही है। अपने भाई-भाभी के घर आ रही है। करोगी न इतना काम?"

हां या ना कुछ भी नहीं कह पायी, बस मैं उनकी ओर देखती ही रह गई।

फिर उन्होंने आंचल में छुपाया एक ब्लाउज पीस निकाला और गुड़ी-मुड़ी किया हुआ दो रुपये का नोट–"यह चूड़ियों के लिए।" उन्होंने कहा।

"ये सब रहने दीजिए मांजी, मैं दे दूंगी।" मैंने सख्ती से कहा। वे शायद और इसरार करतीं पर उस समय सौभाग्य से आरती की घंटी बज उठी और वे बदहवास-सी दरवाजा खोलकर घर में चली गईं।

उनकी भयचकित आकृति देखकर मुझे करुणा हो आई। औरत की पूरी जिंदगी लोगों से डरते ही बीतती है।

किचन का सारा काम निपटाकर मैं फ्रेश हो ही रही थी कि वे लोग आ गए। आते ही कमर में पल्ला खोंसकर सुषमा सीधे रसोई में गई–"लाइये भाभीजी, क्या करवाऊं?"

"कुछ नहीं करना है रानी। सब तैयार है" मैंने उसके लिये मूढ़ा बिछाते हुए कहा–"आप आराम से इस पर विराजिए और सुनाइए–आपकी यात्रा कैसी रही?'

वह एकबारगी तो शर्म से लाल हो आई, पर दो-चार बार उकसाते ही शुरू हो गई। वह भी बताने के लिए व्यग्र-सी थी और इतनी आत्मीयता से शायद किसी ने पूछा न होगा। दो-तीन लोग और आ गये। उनकी प्रतीक्षा में मैं खाना गरम करती रही, टेबल सेट करती रही और वह अपनी बात कहती रही। उसके पास कहने के लिए काफी इकट्ठा हो गया था। खुशी जैसे उसकी हर बात से छलकी पड़ रही थी। उसे यूं खुश-खुश देखकर बड़ा अच्छा लग रहा था। मुझे सबसे ज्यादा खुशी तो इस बात की हुई कि ससुराल में उसका बड़ा अच्छा स्वागत हुआ। झटपट विवाह पर न तो किसी ने आपत्ति उठाई, न आलोचना की। शादी की खुशी में एक शानदार पार्टी भी दे डाली। सास-ससुर, देवर सबकी प्रशंसा के लिए उसे शब्द नहीं मिल रहे थे। इतनी अभिभूत थी वह।

बड़ी देर बाद उसे होश आया–"कितनी बेवकूफ हूं न मैं। आप ही कहे जा रही हूं। आप भी कुछ सुनाइए।"

"हम अपनी क्या सुनायें, वही पुराना राग अलाप रहे हैं। खबरें तो इस समय सिर्फ आपके पास हैं।"

"और हमारे दौलतखाने के क्या हालचाल हैं? सब राजी-खुशी हैं?" उसने कसैले स्वर में पूछा।

"हां, सब ठीक-ठाक ही हैं। अब हम लोगों की बोलचाल नहीं है।"

"वह तो खैर होना ही था। मुझ पर गुस्सा नहीं उतार सके तो आपको बलि का बकरा बना दिया। ठीक है न?"

"असली गुस्सा तो हम पर ही है भाई", मैंने कहा, "हम लोगों के कारण ही तो सब गड़बड़ हो गया। सब अरमान धरे रह गए।"

"कौन से अरमान?"

"वही, जो हर मां-बाप के दिल में लड़की की शादी के लिए होते हैं।"

"तो इतने दिनों तक क्या सांप सूंघ गया था सबको? जानती हैं, इस अक्टूबर में मैं छब्बीस की हो जाऊंगी। अब तक वे लोग क्या करते रहे?"

"पच्चीस-छब्बीस तो सुमि, आजकल शादी की आम उम्र हो गई है। वैसे पदम भाई साहब बेचारे दौड़-धूप कर तो रहे थे।"

"हां, दौड़-धूप तो खूब कर रहे थे। हर बार इतनी ऊंची उड़ान भरते थे कि रिफ्यूज़ल आना निश्चित हो जाता था।"

"अब यह तो भाग्य की बात है", मैंने अनजाने में ही पदम भाई साहब का पक्ष लेते हुए कहा, "पर देखते समय तो आदमी अच्छा ही घर देखता है न।"

"इन बातों में कोई दम नहीं है भाभीजी। ईमानदारी की बात तो यह है कि पांच सौ रु. महीना घर में आता किसको बुरा लगता है। अब इन लोगों को आटे-दाल का भाव पता चलेगा। हर हफ्ते पिक्चर, हर महीने साड़ी, हर साल सैर—सब भूल जाएंगे जनाब।"

"रहने दे उन सब बातों को अब—तू तो खुश है न! बस।" मैंने कहा। पितृतुल्य भाई के लिए उसके मुंह से ऐसी बातें मुझे अच्छी नहीं लग रही थीं। उसका भी दोष नहीं था, ससुराल से इतना स्नेह, इतना आदर बटोरकर लाई थी वह कि उसकी तुलना में यहां का व्यवहार और भी कड़वा लग रहा था।

खाने-पीने, हंसी-दिल्लगी में दोपहर कब सांझ में ढल गई पता ही नहीं चला। और लोग तो खा-पीकर चले गए थे पर जगन और सुषमा पीछे रह गए थे। बहुत दिनों के बाद हम लोगों की चौकड़ी जमी थी, इसलिए उठने का मन ही नहीं हो रहा था। मुकुल भी खुश था। बहुत दिनों के बाद उसे 'अंकल' मिले थे, बुआ मिली थीं।

वे लोग जाने के लिए उठे तब रात के आठ बज रहे थे। सनमायका की ट्रे गें करीने रो सजाकर रखा हुआ लेमन सेट दोनों हाथों में उठाकर इन्होंने बड़ी

नाटकीयता के साथ कहा—"हमारी ओर से तुच्छ भेंट।"

एकदम अप्रतिभ हो उठा जगन—"इस फॉर्मेलिटी की भी जरूरत रह गई थी।"

"फॉर्मेलिटी नहीं है यार", इन्होंने उसकी पीठ पर धौल जमाते हुए कहा—"छोटी-सी चीज है। गृहस्थी में काम आएगी। इसे देखकर हमारी याद कर लेना।"

और मुझे एकदम याद आया—"सुमि, जरा अंदर तो आ।"

वह भीतर आई, उस समय मैं ठाकुरजी की चौकी के सामने पाट बिछाकर रंगोली डाल रही थी।

"यह क्या भाभी! मुझे फिर से खाना खिलाने का इरादा है क्या?"

"तू पहले चुप करके बैठ तो, फिर बताऊंगी।"

"क्या बोरियत है!" वह भुनभुनाई और मुंह पर एक बेजारी ओढ़कर बैठ गई।

एक थाली में सुपारी-चावल निकाल लाई मैं। पहले उसका कुंकुम तिलक किया। फिर उसके आंचल में रूमाल बिछाकर तीन बार अंजुरी भर-भर चावल उसमें डालती गई, कुछ दाने माथे पर भी (ठीक वैसे ही जैसे मां ने मेरी विदा के समय किया था)। वह गंभीर बनी सब-कुछ देखती रही। पर ज्योंही मैंने एक ब्लाउज पीस और पांच का नोट निकाला तो उसने मेरा हाथ पकड़ लिया।

"बस भाभीजी, इतना बड़ा प्रेजेंट दे दिया है आपने, अब इसकी जरूरत नहीं है।"

"वाह, जरूरत कैसे नहीं है। प्रेजेंट तो अपनी जगह है पगली। यह तो विदा का दस्तूर है। साड़ी न सही, बहन-बेटी के लिए एक ब्लाउज का कपड़ा तो हो। डॉक्टरनियों के लिए कोई अलग नियम थोड़े ही हैं।"

"और ये रुपये चूड़ियों के लिए हैं। मना नहीं करते।" मैंने बुजुर्गाना लहजे में कहा।

वह कुछ देर तक तो आश्चर्य से मुझे देखती रही—फिर उसकी बड़ी-बड़ी आंखों में पानी भर आया और दूसरे ही क्षण मेरे कंधे पर सिर रखकर वह भरभराकर रो उठी।

नए बंधन

"अस्पताल में हूं। चिंता की कोई बात नहीं। पत्र को तार समझकर फौरन चले आओ..."

—रमा

संतोष ने वह पोस्टकार्ड पच्चीसवीं बार पढ़ा। उसे जैसे विश्वास ही न हो रहा था कि उसकी रमा सचमुच जीवित है! और वह उसे देखने के लिए लश्कर जा रहा था।

करीब महीने-भर पहले रमा हर साल की तरह राखी के लिये अपने भाई के पास गई हुई थी। उसके कुछ ही दिनों बाद उसने रेडियो पर तथा समाचार-पत्रों में कुंआरी नदी की बाढ़ के भीषण समाचार पढ़े। घबराकर उसने कई तार और पत्र भेजे पर एक का भी उत्तर नहीं आया। कुंआरी से लगे हुए रमा के गांव की काल्पनिक दुर्दशा ने उसे रात में कई-कई बार चौंका दिया था।

फिर पंद्रह दिन बाद साले साहब का पत्र आया कानपुर से। वे खुद अपनी ससुराल में कुशल से थे और आशा कर रहे थे कि रमा भी अपने घर सकुशल पहुंच गई होगी। क्योंकि बाढ़ का पानी जब गांव में भरना प्रारंभ हुआ, उस समय रमा घर पर नहीं थी। किसी के यहां गीत हो रहे थे, वहीं गई हुई थी। रात के उस अंधेरे में पानी के अचानक भर जाने से सभी बौखला गये थे। जिसे जो सहारा मिला उसे गनीमत समझकर उसने भागना शुरू किया। सामान, रुपया-पैसा कुछ भी साथ लेने का होश नहीं था। बस, प्राण बचाने का ही उपाय सूझ रहा था। उस भगदड़ में रमा को खोजा नहीं जा सका। फिर भी भाई परिवार सहित दो दिन मुरैना स्टेशन पर पड़े रहे। हर आने वाले से बहन के बारे में

पूछते। उस विपतावस्था में ज्यादा दिन प्रतीक्षा करना भी कठिन था। इसलिये वे अपनी ससुराल पहुंच गये थे और उन्हें पूरी आशा थी कि रमा भी अपने घर सकुशल पहुंच गई होगी।

साले साहब का पत्र पढ़कर संतोष ने सिर पीट लिया। मन ही मन उन्हें हजार गालियां देता हुआ वह रमा को खोजने के लिये चल पड़ा। लश्कर से ही बाढ़ की भयानक विभीषिका का वर्णन सुनते-सुनते वह सुन्न हो गया था। मुरैना उतरने तक उसमें इतना साहस न रहा कि रमा की खोज करे। मन ही मन वह किसी विपरीत उत्तर के लिये तैयार नहीं था। वह यूं ही बस में बैठकर केलारस तक आया। सबलगढ़ और केलारस को जोड़ने वाला कुंआरी का विशाल पुल ढह गया था। बसें और ट्रेन वहीं तक आकर लौट जाती थीं। वह देर तक बैठा नदी का रौद्र रूप देखता रहा। सरकारी कार्यालयों में जाकर उसने विवरण जानना चाहा।

बाढ़ के कारण समूल बह जाने वाले गांवों की सूची में रमा का गांव भी था।

वह भारी मन से वापस लौट आया और सामान्य भाव से काम पर लग गया। उसने रमा के लापता होने की खबर किसी को नहीं दी। मित्रों, परिजनों की सान्त्वना को झेल सके ऐसी उसकी मनःस्थिति नहीं थी। शायद मन के किसी कोने में यह आशा भी थी कि रमा लौटेगी, जरूर लौटेगी।

और रमा के इस छोटे से पोस्टकार्ड ने आशा को विश्वास में बदल दिया। अपनी रमा को फिर से देखने के लिये, उसकी सांसों का मदिर स्पर्श अनुभव करने के लिये वह इतना व्याकुल हो उठा था कि दक्षिण एक्सप्रेस जैसी फास्ट ट्रेन भी उसे रेंगती-सी लग रही थी।

ग्वालियर पहुंचने तक रात के ग्यारह बज चुके थे। उसने वहीं मुसाफिरखाने में एक बेंच पर अपने को डाल दिया और सुबह होने की प्रतीक्षा करने लगा। नींद एक अरसे से उसका साथ छोड़ चुकी थी। पर पिछले दिनों नींद नहीं आती थी। उसका कारण कुछ और था, आज खुशी के मारे उसकी आंख नहीं लग रही थी।

पिछले पहर पता नहीं कब उसकी आंख लगी। सुबह उठा तो दिन खूब निकल चुका था। और दिनों की तरह बूंदाबांदी भी नहीं हो रही थी। वह तैयार होकर निकला तो समय नौ से ऊपर हो गया था।

तांगे से उतरकर अस्पताल में दाखिल होते समय उसका दिल बुरी तरह धड़क रहा था। रमा के कार्ड को वह आइडेंटिटी कार्ड की तरह थामे हुए था। बीसियों लोगों के बीसियों प्रश्नों के बाद वह डॉक्टर तक पहुंच पाया। एक बार फिर क्रॉस एक्जामिन करने के बाद उसे रमा से मिलने की अनुमति मिल गई। एक सिस्टर गाइड के रूप में उसके साथ कर दी गई।

उस भव्य इमारत के कई कारीडोर पार करता हुआ उसका मन एक अजीब कल्पना से भर उठा। यह कल्पना उसके लिये नई नहीं थी। शादी के बाद वाले दिनों में वह कई बार इस कल्पना से खेल चुका है कि वह हॉस्पिटल के बरामदे में बेचैनी से चहलकदमी कर रहा है। भीतर कहीं किसी कमरे में रमा असह्य यंत्रणा झेल रही है। तभी नर्स आकर कहती है–''मिस्टर संतोष! मुबारक हो।''

पर दिन पर दिन और साल पर साल बीतते चले गये। आशा पहले उत्कंठा में और फिर निराशा में बदल गई। संतोष ने तो इसे नियति का आलेख मानकर चुपचाप स्वीकार कर लिया था, पर रमा अपने से मजबूर थी। और स्वाभाविक भी था। अड़ोसी-पड़ोसियों की शंकालु नजरें तथा नाते-रिश्तेदारों के व्यंग्यबाण उसी को झेलने पड़ते थे। फिर पहाड़ से दिन काटने को दौड़ते। कई बार उसने इच्छा व्यक्त की थी किसी अनाथ बच्चे को गोद लेने की, पर किसी अज्ञात कुलशील वाले किसी बच्चे को कलेजे से लगाने के लिये संतोष का संस्कारी मन तैयार नहीं होता था। रमा बेचारी ने ही...

संतोष टकराते-टकराते बचा। अपने विचारों की रौ में उसे ध्यान ही न रहा कि सिस्टर रुक गई है और उसके लिए दरवाजा रोके खड़ी है।

वह दबे पांव वार्ड में प्रविष्ट हुआ। बिस्तरों की कतारों को पार करता हुआ रमा के पलंग तक पहुंचा। रमा शायद सो रही थी। उसका चेहरा इतना सफेद पड़ गया था कि संतोष का मन ममता से भर आया। सिस्टर ने रमा को जगाना चाहा, पर उसने इशारे से मना कर दिया और एक स्टूल खींचकर उस पर बैठ गया। स्टूल खिसकाने की हल्की-सी ध्वनि भी उस निःशब्द वातावरण में बहुत भारी-सी लगी और रमा ने आंखें खोल दीं।

संतोष को देखकर रमा के विवर्ण चेहरे पर मुस्कराहट दौड़ गई।

''कब आये?''

''रात की ही गाड़ी से आ गया था।''

''अच्छा?''

फिर दोनों चुप हो रहे। कहने को तो कितना था, पर इतने सारे लोगों के बीच में, इतनी असंख्य आंखों की चोट सहते हुए क्या कहा जा सकता था। वह खीझ उठा।

''कब छोड़ेंगे ये लोग तुम्हें?''

''जब तुम ले जाओ। दरअसल उन्होंने तो छुट्टी दे ही दी है, पर मुझमें अकेले आने की हिम्मत जो नहीं थी।''

''तो मुझे कुछ पहले खबर क्यों नहीं दी। पता है, ये इतने दिन मैंने कैसे बिताये हैं?''

और उन दिनों की कातर स्मृति से आवाज संतोष के गले में फंसकर रह गई। रमा कुछ नहीं बोली और चादर गले तक ओढ़कर चुपचाप लेटी रही। संतोष चुपचाप बैठा उसे देखता रहा।

एकाएक उसे लगा, रमा के पीछे उसी चादर में रेशमी बालों का एक गुच्छा-सा हिल रहा है। उसे लगा, शायद यह उसका भ्रम है। शायद अभी कुछ देर पहले वह जिस कल्पना में डूब गया था उसका ही प्रतिरूप है।

पर वह कल्पना नहीं थी। हिलता हुआ बालों का गुच्छा सचमुच एक गुड़िया का नन्हा-सा सिर था जो आंखें मलती हुई उठ बैठी थी और तुतलाते हुए रमा से कुछ कह रही थी। रमा ने उठकर उसे पानी पिलाया और फिर थपकने लगी।

''कौन है ये?'' संतोष ने पूछा।

''पता नहीं। गांव से भागते हुए इन लोगों का साथ हो गया था। मां की गोद में 15 दिन का बच्चा था। सम्हलते-सम्हलते भी दोनों ने रास्ते में ही जल समाधि ले ली। बच्ची तब मेरी ही गोद में थी।''

कुछ क्षण दोनों मौन रहे।

''सुनो!'' रमा का कातर स्वर गूंजा।

''क्या है?''

''इसके लिये तो तुम मना नहीं करोगे ना! देखो, भगवान इसे खुद मेरी गोद में डाल गये हैं। इस बेचारी का कहीं कोई नहीं है। हम लोग न ले गये तो ये लोग इसे अनाथालय में दे देंगे।''

सिर पर घरघराते पंखे के बावजूद भी संतोष पसीने से भीग, ग्वालियर की उमस-भरी गर्मी को कोसता हुआ उठ खड़ा हुआ। ''अच्छा! मैं जरा डॉक्टर से मिल लूं। देखूं, छुट्टी के बारे में क्या कहते हैं।''

वार्ड के बाहर आकर उसने खुलकर सांस ली। अंदर तो जैसे दम घुटने लगा था।

डॉक्टर के पास ले जाते हुए सिस्टर ने पूछा—"फिर बच्चे के बारे में क्या तय किया आपने?"

संतोष ने उत्तर देना जरूरी नहीं समझा, लेकिन जब डॉक्टर ने भी वही प्रश्न दुहराया तो वह खीझ उठा—"You can't force me Doctor!"

"Of course not" डॉक्टर ने शांति से जवाब दिया, "आपकी पत्नी के स्वास्थ्य को देखते हुए मैं सलाह-भर दे सकती हूं कि आप मना न करें। शायद आपके मना करने के डर से ही इतने दिन तक उन्होंने आपको सूचित नहीं करने दिया था। वैसे भी यह एक पुण्यकारी काम होगा। आगे आपकी मर्जी है।"

संतोष परेशान हो उठा। उसे लगा उसे किसी षड्यंत्र का शिकार बनाया जा रहा है। सबसे ज्यादा रोष उसे रमा की याचना-भरी आंखों पर आया जिनका अनुरोध वह टाल नहीं सकता था।

तीसरे दिन वे लोग भोपाल के लिए रवाना हुए। बच्ची भी उनके साथ थी। एक सिस्टर ने उसके बाल खूबसूरती से काट दिये थे। डॉक्टर उसके लिये एक प्यारा-सा फ्रॉक लाई थी। अस्पताल छोड़ते हुए खिलौनों, गुब्बारों और टॉफी के डिब्बों के ढेर उनके साथ थे जो बच्ची के पाप्यूलर होने की ओर संकेत करता था। संतोष एक तटस्थ की भांति सब देख रहा था, पर रमा को इसका होश नहीं था। वह तो हर्ष और उल्लास में डूबी अपनी बीमारी भी भूल गई थी। सारे रास्ते वह बच्ची के साथ खेलती-खिलखिलाती रही। एक-दो बार पापा को भी पुचकारकर बुलाने की कोशिश की गई, पर संतोष मुंह चढ़ाये खिड़की से बाहर सिर निकाले रहा।

बच्ची को रमा पूनम कहकर बुला रही थी। निश्चय ही यह उसका दिया हुआ नाम था जो शायद बरसों से उसके मन की घाटियों में गूंजता रहा था।

आधी रात गये जनता भोपाल स्टेशन पर रुकी। टैक्सी से घर पहुंचने पर देखा, सारी कॉलोनी नींद की गोद में बेसुध पड़ी है। संतोष को यह एक तरह से अच्छा ही लगा। कम से कम सुबह तक पड़ोसियों की प्रश्नभरी नजरों से छुटकारा मिल गया था।

सारे रास्ते वह एक शब्द भी नहीं बोला था। टैक्सी में चढ़ते-उतरते समय रमा ने उसे बच्ची को थमाया था तब उसके मौन का, सहनशीलता का बांध

टूटा ही चाहता था। पर वह रास्ते में तमाशा नहीं करना चाहता था, इसी से चुप रहा। अब भी घर पहुंचकर वह एक पुस्तक लेकर आराम-कुर्सी में धंस गया। और दिनों जब रमा पीहर से लौटती थी उस रात का स्वरूप कुछ और होता था। इस जैसी मनहूस रात वह नहीं होती थी और इसीलिये वह रमा को कोस रहा था।

रमा ने बिस्तर साफ किये, चादरें बदलीं। फिर अपने वाले पलंग पर उसने एक पुरानी साड़ी तहाकर बिछाई। फिर बच्ची को उस पर सुलाया। वह सब-कुछ ऐसे सहज भाव से कर रही थी जैसे उसके लिये यह नई बात न हो।

खुद सोने की तैयारी करते हुए रमा ने उससे पूछा—''सोओगे नहीं?''

''सो लूंगा जब नींद आयेगी।'' उसने सख़्ती से जवाब दिया। रमा चुपचाप पड़ रही। संतोष के मूड से उसे डर लगने लगा था।

कहीं दूर घड़ी ने चार बजाये और संतोष के लिये नाटक करना कठिन हो गया। उसका थका-मांदा शरीर जवाब दे रहा था। मजबूर होकर वह पलंग पर आकर लेट रहा। रमा बेखबर सो रही थी। इतने दिनों के शारीरिक और मानसिक संघर्षों की थकान उसके चेहरे पर स्पष्ट थी।

दोनों के बीच वाली जगह में वह बच्ची सो रही थी। सुनहरे रेशमी बाल उसके छोटे से माथे पर छितरा गये थे। पंखुड़ियों जैसे होंठ नींद में कुछ विलग हो गये थे और छोटे-छोटे दांत उस जरा-सी संध से झांक रहे थे। वह निर्निमेष उसको देखता रहा। स्कूल में पढ़े हुए सूरदास के कई पद उसे अनायास याद आने लगे...

वातावरण में ठंड कुछ बढ़ चली थी। रमा के जतन करके उढ़ाई हुई चादर गुड़ी-मुड़ी होकर एक ओर दब गई थी। संतोष ने हल्के से चादर खींच ली और उसके नन्हे-नन्हे हाथ-पांव ढंक दिये। बच्ची पहले तो कुनमुनाई, फिर उसका चेहरा रुआंसा हो आया। संतोष का मन कैसा तो हो उठा। उसने धीरे-धीरे उसे थपकना प्रारंभ किया। कुछ ही क्षणों में वह पुनः सो गई। पर वह रेशमी स्पर्श संतोष को एक अजीब स्पन्दन से भर गया।

सुबह दूध वाले की आवाज पर रमा की आंख खुली। देखा, बच्ची संतोष की बगल में लेटी हुई है। उसके नन्हे-नन्हे हाथों का घेरा संतोष के गले में है और संतोष का मजबूत हाथ उसकी पीठ पर बड़ी ममता से टिका हुआ है।

रमा देर तक दोनों को देखती रही, फिर धीरे से नीचे उतर आई...

ऊब

अपना हाथ कुछ देर रोककर सुमन ने ध्यान से सुना—पड़ोसिन उसे आवाज दे रही थी। वह उठी और पीछे का दरवाजा खोलकर बाहर आई।

"क्या है जिज्जी!" उसने पूछा।

"एक चीज है, यूं माथे पर बल डालकर पूछोगी तो नहीं मिलेगी।"

"अब दे भी दो—दो बाल्टी कपड़े धोने को पड़े हैं।" उसने बेजारी से कहा।

"तेरा काम तो कभी खत्म ही नहीं होगा—ले पकड़ अपनी चीज।"

नरेश का, उसके पति का पत्र था। जिज्जी का खयाल था कि पत्र देखकर वह खिल उठेगी। इसी आशा से सौ काम छोड़कर खुद देने चली आई थी।

"क्या बात है सुमन! आज फिर कोई कांड हो गया?" सुमन का मुरझाया चेहरा देखकर उसने पूछा।

"कांड तो रोज के होते ही रहते हैं। आज देवरजी का रिजल्ट भी आ गया है।" सुमन ने एक उसांस भरते हुए कहा।

"फिर?"

"फिर क्या, हमारे बनवास का एक साल और बढ़ गया।"

"यानी कि राजेश फिर फेल हो गया? हद है। पता नहीं तुम लोग उस पर अपना पैसा क्यों फूंक रहे हो।"

"तो और क्या करें? अधबीच में ही छोड़ दें तो इतने दिनों का किया-कराया मिट्टी हो जाएगा।"

एक उबाऊ-सी मुद्रा बनाकर पड़ोसिन अपने घर में चली गई। सुमन ने पिछला दरवाजा बंद किया, लिफाफा कोयले के ड्रम पर रखा और फिर अपने धोबीघाट पर जुट गई।

वाकई आज धुलाई का ढेर हो गया था। रमा ने ढेर-सी साड़ियां डाल दी

थीं और हर साड़ी के लिए अलग-अलग आदेश थे—भाभी इसे गरम पानी में नहीं डालना, भाभी इसे छांह में सुखाना, भाभी इसके फॉल पर जरा साबुन मल देना—भाभी न हुई जैसे नौकरानी हो गई। खुद बड़े मजे से बैठी अम्मां से गप्पें लगा रही है। यह नहीं कि जरा-सी मदद ही करवा देती। अम्मांजी भी बड़े लाड़ से बेटी को पास बिठाकर समझा रही हैं कि ससुराल में कैसी समझदारी से रहना चाहिए, घरवाले की कमाई को मुट्ठी में रखना चाहिए, हर महीने बैंक में कुछ न कुछ डालना चाहिए।

ऐसी ही समझदारी सुमन दिखाने लगे तो? नायलेक्स की, वूली की उन कीमती साड़ियों को रस्सी पर लटकाते हुए सुमन का मन भारी हो आया। पिछले साल-भर से उसने एक भी ढंग की साड़ी नहीं खरीदी है। उसके अकेली के लिए तो यहां कुछ खरीदने का प्रश्न ही नहीं उठता। रतलाम से आते हुए कभी-कभार कुछ ले आते हैं तो सबके मुंह चढ़ जाते हैं। छिपाकर ले भी आएं तो क्या है, पहननी तो इन्हीं लोगों के बीच है।

इन्हीं लोगों के बीच—हां, शायद सारी जिंदगी इन्हीं लोगों के बीच ही बीतेगी। पहले ननदों की शादी का बहाना, अब राजेश की पढ़ाई है। वह भला आदमी मजे से साल दर साल फेल होता चला जा रहा है। उसके साथ वाले कब से डिप्लोमा ले-लेकर अपनी नौकरियों पर चले गए हैं। ये साहबजादे एक क्लास में दो-दो साल जमे हुए हैं। न ये पास होंगे, न सुमन को इस घुटन से मुक्ति मिलेगी।

''बहू! कपड़े हो जाएं तो गेहूं निकाल लेना। कल के लिए आटा बिलकुल नहीं है।''

गुस्से से लाल हो आई वह। गेहूं का टीन इतनी जोर से आंगन में ला पटका कि मां-बेटी क्षण-भर तो सहम गईं।

''जरा सम्हलकर काम किया करो बहू।'' मांजी ने बाहर आकर कहा।

''अब यह इतना बड़ा टीन मुझसे उठता है भला!'' उसने रुखाई से कहा।

''आवाज दे देतीं तो क्या कोई हाथ नहीं लगवाता।''

उसने उत्तर देना जरूरी नहीं समझा। रमा मां की मदद के लिए दौड़ी आई, ''रहने दो अम्मां, आज भाभी का मूड ऑफ है। राजेश भैया फेल हो गए हैं न!''

एक तीखा-सा उत्तर उसके होंठों तक आ गया था, पर ससुरजी को भीतर आते देख वह चुपचाप सिर नीचा किये गेहूं बीनती रही।

"यह क्या दिन-भर चख-चख लगा रखती हो तुम लोग!" वे नाराजी के स्वर में बोले, "इसीलिए तो लड़का जरा भी पढ़ नहीं पाता। जब देखो वही तू-तू मैं-मैं। सुबह आठ का गया अभी तक नहीं लौटा है, उसकी भी चिंता करोगी या आपस में ही लड़ती रहोगी।"

"मैं जाती हूं बाबूजी, बलबीर के यहां देख आती हूं।" रमा ने कहा और दम-दम करती बाहर निकल गई।

"देखा, खून ही खून के लिए तड़पता है। परायों को ममता कहां से होगी।" मांजी ने मौका देखकर एक व्यंग्य उछाल ही दिया। वे शायद और भी कुछ कहतीं पर बाबूजी के तेवर देखकर चुप हो गईं।

सुमन को सचमुच कोई चिंता या घबराहट नहीं हो रही थी। जब पहली बार राजेश फेल हुआ था तो उसके घर लौटने तक वह बहुत परेशान रही थी। घबराहट में उसने 'परसाद' भी बोल दिया था। शाम को उसके लौटने पर उसने पास बैठकर, कसमें दे-देकर उसे खाना खिलाया था और धीरज बंधाया था। तब उसकी गोद में सिर रखकर हमउम्र देवर फूट-फूटकर रोया भी था।

पर तब से यह सब इतनी बार हो चुका है कि अब उसे चिंता नहीं होती, सिर्फ खीझ होती है। उसे बस यही खयाल आता है कि राजेश यदि इसी गति से पढ़ता रहा तो शायद वह बरसों रतलाम न जा सके। घर बसाने के सब अरमान भी तब तक मिट चुके होंगे। पास होते ही उसे नौकरी मिल जाएगी, यह जरूरी नहीं था। पर पढ़ाई के खर्च से तो मुक्ति मिलेगी। तब शायद नरेश साठ-सत्तर रु. किराए का छोटा-मोटा मकान ले सकेगा। तब शायद उसके अपने जीवन में कुछ रौनक आएगी। अभी तो बेचारा होटल में खाता है और एक रिश्तेदार के बरामदे में पड़ा रहता है। रिश्ते की भाभी मकान मालकिन की ठसक से रहती है और जब-तब जगह की तंगी का हवाला देती रहती है।

शाम सात बजे रमा लौटी, साथ में राजेश भी था। सूरत पर एक शहीदाना अंदाज़ था। सारा घर उसे घेरकर बैठ गया। उस पर सान्त्वना की बरसात होने लगी थी। रमा दौड़-दौड़कर उसके लिए खाना गरम करती रही और मांजी अपने पास बैठाकर उसे खिलाती रहीं।

इस स्वागत-समारोह में सुमन ने कोई हिस्सा नहीं लिया। वह चुपचाप शाम के लिए सब्जी काटती रही, आटा गूंधती रही। उसके मन में क्रोध का सैलाब-सा उमड़ने लगा। क्रोध—अपने भाग्य पर, अपने पति पर, अपने मां-बाप पर। परात

में रखा आटा उसका रोष सहता रहा।

"मम्मी, भूख लगी है।" कहीं से खेल-खालकर लौटा हुआ पप्पू धूल-भरे पैरों से ही रसोई में चला आया और उसकी पीठ पर झूलने लगा।

"पेट में आग पड़ी होगी तभी घर की याद आई है। ठीक है न? क्यों, गली में कोई खाना खिलाने वाला नहीं मिला?" कहते हुए उसने एक करारा तमाचा बच्चे से गाल पर जड़ दिया। बच्चा छिटककर दूर जा गिरा।

"ये क्या कर रही हो बहू! जान ले लोगी क्या उसकी!" अम्मांजी ने तैश में कहा।

"क्यों, क्या अपने बच्चे को डांटने का भी अधिकार नहीं है मुझे? या इसे भी आवारा बनने के लिए छोड़ दूं?"

"ये किसे सुना रही हो भाभी?" रमा ने रोते हुए भतीजे को गोद में उठाते हुए कहा।

जवाब देने की कोई जरूरत नहीं समझी उसने। उसी तरह मुंह फुलाए बैठी रही। सारा संसार इस समय उसे अपना शत्रु लग रहा था, पप्पू भी।

उसे मालूम है कि इस बार नरेश के आने पर उसे यह सारी बातें सुनाई जायेंगी। यह कोई नई बात नहीं थी। नरेश के आते ही सबकी शिकायतों के बस्ते खुल जाते। मांजी जैसे एक-एक बात नोट करती जातीं। सुमन भी तो उसे नहीं बख्शती। तानों और उलाहनों के बिना एक वाक्य भी पूरा नहीं होता उसका। कई बार तो बेचारा कहता भी है, "क्या यही सब सुनने के लिए मैं इतनी दूर से दौड़ा-दौड़ा तुम लोगों के पास आता हूं?"

उसके चले जाने के बाद सुमन स्वयं भी पश्चात्ताप की आग में जलती रहती है। दो-दो महीने बाद तो मिलना होता है और सारे वक्त वही शिकवे-शिकायतें। आदमी क्या इसी सुख के लिए घर की ओर भागता है?

लेकिन वह क्या करे? किससे कहे? रात बिस्तर पर लेटी तो पप्पू को सीने से लगाकर अपने अन्याय का परिमार्जन-सा करना चाहा उसने। वह गहरी नींद में सो रहा था। वह यूं ही उसे थपकती रही, प्यार करती रही।

"भाभी, तुम्हारी चिट्ठी। अभी साड़ियां उठाने गई थी तो ड्रम पर रखी मिली।"

साड़ियों का ढेर कंधे पर डाले रमा पत्र लिए खड़ी थी। सुमन तो जैसे उस बात को एकदम भूल ही गई थी। पत्र हाथ में लेकर बड़ी देर तक सुन्न होकर बैठी रही! कैसी होती जा रही है वह, दिन-भर उसे चिट्ठी पढ़ने की याद

ही न आई। पहले क्या वह क्षण-भर भी रुक पाती थी। पत्र हाथ में आते ही कमरे में भाग आती थी वह, रसोई में होती तो आटा सने हाथों से ही खोल लेती–तब कोई न कोई दया करके उसे उतनी देर की छुट्टी दे ही देता।

एक मन हुआ, उठकर बत्ती जला ले, पर आलस आ गया। सोचा, अब कल ही देखा जाएगा। और पत्र तकिए के नीचे रखकर वह सो गई।

आरंभ

घर में पांव देते ही वह बरस पड़ी—"मुझे पहले क्यों नहीं बताया कि यह रंजना ही आपके बॉस की पत्नी है। मैं उस घर में भूलकर भी पांव नहीं देती।"

सुरेश भौंचक्का-सा उसे देखता रह गया। विभा के इस अकारण रोष से वह विस्मित था। यूं तो वह सारी शाम चुप-चुप बनी हुई थी, पर इसे सुरेश ने नववधू का सहज संकोच मान लिया था। नये लोगों के बीच उसका एकदम न खुल पाना उसे अस्वाभाविक नहीं लगा था। सच तो यह था कि वह खुद खुशी की तरंगों में झूल रहा था। इसलिए ऐसा-वैसा कुछ सोचने की स्थिति में भी नहीं था।

सुबह जब मि. श्रीमाली ने उसे केबिन में बुलाकर शाम के खाने का निमंत्रण दिया था वह विस्मय और आनंद में डूब गया था। सहयोगियों ने उसे खुले दिल से बधाई दी थी। इस खुशी में उसने सबको दोपहर की चाय भी पिलाई थी।

उसने जब अपनी शादी का छोटा-सा रिसेप्शन दिया था तब बॉस सपरिवार बाहर गये हुए थे। तब से वह निरंतर सोच ही रहा था कि उन्हें खाने पर बुलाया जाये या चाय पर। उसकी योजना तो धरी रह गई, उलटे उन्होंने ही उसे सपरिवार खाने पर बुला लिया। निमंत्रण की पहल न कर पाने के कारण वह संकोच से भर उठा था। पर प्रसन्नता का पलड़ा शायद उससे भारी था।

एक तरह से हवा के घोड़े पर सवार होकर ही वह घर पहुंचा था। बड़ी उमंग के साथ उसने विभा को यह समाचार दिया था। दोनों खूब सज-संवरकर ही बॉस के घर पहुंचे थे। वहां एक और सुखद आश्चर्य उनकी प्रतीक्षा कर रहा

था। मिसेस श्रीमाली उसे देखते ही किलक उठी थीं। उन्होंने आगे बढ़कर विभा को गले लगा लिया था। पता चला दोनों बी.ए. तक साथ पढ़ी हैं।

इस जानकारी के बाद सुरेश को सारा आयोजन और भी भव्य-दिव्य लग उठा था। मेज पर करीने से परोसे गये व्यंजनों का स्वाद दुगना हो गया था। मिसेस श्रीमाली पूरे समय विभा की तारीफ करती रहीं। उनके आग्रह पर विभा को गाना भी सुनाना पड़ा।

पुरानी सखी से इस तरह अचानक भेंट हो जाने पर मिसेस श्रीमाली तो बड़ी प्रसन्न दिखाई दीं। पर उस प्रसन्नता का संतोष भी विभा के चेहरे पर नहीं झलका। और तो और सामान्य शिष्टाचार भी उससे निभाते नहीं बना। उसे भारी-भरकम उपहार के लिए, भोजन के लिए ठीक से धन्यवाद भी वह दे नहीं पाई। कम से कम चलते समय उन लोगों को एक औपचारिक निमंत्रण तो दे ही सकती थी। वह भी उससे नहीं हुआ। सुरेश तो खीझ उठा था। कैसी लड़की है। कहने को एम.ए.बी.एड. है, पर जरा भी एटीकेट्स नहीं है। घर आकर शायद वह कुछ कहता भी पर उसे समय ही न मिला, उलटे विभा ही उस पर बरस पड़ी थी और वह भौंचक्का रह गया था।

उसने वह बड़ा-सा खोखा एहतियात से मेज पर रखा। करीने से उसकी पैकिंग खोली। बच्चों की-सी अधीरता से उसने कागज की कतरनों को अलग किया और अब उसके सामने सुनहरी नक्काशी वाला एक खूबसूरत लेमन-सेट जगमगा रहा था। वह ठगा-सा देखता रह गया। वाह! श्रीमाली साहब की टेस्ट का भी जवाब नहीं है।

तब उसे होश आया, विभा अभी तक उसी तरह गुमसुम बैठी हुई है। "क्या बात है भई?" उसने पुचकारते हुए पूछा, "बॉस की बीवी से तुम्हारा झगड़ा-वगड़ा था क्या? वैसे नेचर से तो वह बहुत भली लगी हैं।"

"तो क्या मैं झगड़ालू लगती हूं?" विभा ने तुनककर कहा।

"यह बात नहीं है भई!" सुरेश ने नरम स्वर में कहा, "पर तुम सारी शाम मुंह फुलाए रहीं इसीलिए पूछ रहा हूं।"

विभा ने आंखों में अजीब-सी उदासी भरकर उसे देखा और फिर शून्य में नजरें गड़ाकर जैसे अपने आपसे बोली—"बुरा तो लगता ही है। वह बौड़म बेवकूफ लड़की आज इतने बड़े आदमी की बीवी बन गई है। और हम? अपनी किस्मत में तो जूते चटखाना ही लिखा है। ससुराल हो या पीहर, कोई फर्क नहीं पड़ता।"

यह शब्द सुरेश के कलेजे को चीरते चले गये। घायल नजरों से उसने विभा की ओर देखा। वह शून्य में दृष्टि गड़ाये गुमसुम बैठी थी। उसकी तरल आंखों में टूटे हुए सपनों के टुकड़े तैर रहे थे।

उसे गुस्सा आना चाहिए था, पर करुणा हो आई। अपने लिए और विभा के लिए पता नहीं कितने सपने संजोये होंगे। पर कहीं रूप, कहीं रंग, कहीं उम्र, कहीं पैसा, कुछ न कुछ बाधा आ जाती होगी और सपने टूटते रहे होंगे। पता नहीं कितनी अस्वीकृतियों को झेलने वाली यह लड़की उसकी पत्नी है। उसकी संचित पूंजी से बनवाये गये चार गहने उसके शरीर पर हैं। पहली शॉपिंग पर बड़ी दरियादिली से खरीदी गई प्योर सिल्क की साड़ी उसने पहन रखी है। मिलन की पहली रात भेंटस्वरूप दिया गया महंगा सेंट उसे महका रहा है। शाम को बड़े अरमानों से खरीदी गई वेणी उसके जूड़े की शोभा बढ़ा रही है। इस सारी सज्जा के साथ उसके ही घर में बैठकर वह उन भयानक शब्दों को बोल गई है। सुरेश भीतर तक हिल गया था।

उसका मन हुआ चीखकर कहे, "मैं बहुत बड़ा आदमी नहीं था इसीलिए तुम्हें स्वीकार कर सका। समस्त बड़े आदमियों की जमात ने तो तुम्हें कब से नकार दिया था।"

लेकिन अब कुछ भी कहना व्यर्थ था। पहली बार आक्रोश उसने व्यक्त किया—बाजी उसी ने जीत ली थी, उस क्षणांश के लिए ही सही, वह सुरेश से श्रेष्ठ हो गई थी।

सारी रात उसे नींद नहीं आई। विभा की ओर पीठ किये वह एक करवट लेटा रहा। अपने घायल मन को सहलाता रहा। आंखों के सामने उन सारी लड़कियों के चेहरे घूम गये जिन्हें उसने पहले दौर में अस्वीकार कर दिया था। उनमें से कुछ तो विभा से बेहतर ही थीं। पर उस समय कोई ऐसी-वैसी लड़की तो आंखों पर चढ़ती ही नहीं थी। उसकी मां और बहन के लिए तो कई दिनों तक यह गर्व का विषय बना रहा—"हमारे सुरेश को तो कोई लड़की पसंद ही नहीं आती।" वे जहां-तहां सुनाया करतीं।

पर बाद में यह गर्व चिंता में परिवर्तित होने लगा। पहले जैसा लड़की देखने का उत्साह बाद में जाता रहा। मां तो खीझकर कहतीं—"आखिर कैसी लड़की चाहता है तू, पता तो चले। चार भले आदमियों को जवाब तो हमें ही देना पड़ता है न। आखिर अपने भी घर में लड़कियां हैं। उनका ही खयाल कर।

कोई पहले से पसंद कर रखी हो तो वह बता दे।''

मां की बमबारी से वह क्षुब्ध हो जाता और फिर महीनों घर का रुख नहीं करता था।

दोस्त मजाक में कहते—''यार, अब पैदा होने से तो रही। एवेलेबल जो स्टॉक है उन्हीं में से पसंद करनी होगी। पहले से पता होता तो स्पेसीफिकेशन देकर ब्रह्माजी से बनवा लेते।''

बात हंसी में उड़ जाती, पर कभी वह सोचना, काश ऐसा हो पाता। वह ब्रह्माजी से कहता, भगवान, मुझे मालूम है मुझ जैसे फटीचर के भाग्य में रीता मलकानी या सुरेखि देशपांडे जैसी ब्यूटी क्वीन नहीं होगी, पर कम से कम माया मिश्रा जैसी मिठबोली, श्रद्धा पाल जैसे बड़ी-बड़ी आंखों वाली, अलका कपूर जैसी हंसमुख और नयना मेहता जैसी गोरी-चिट्टी लड़की तो आप मुझे दिला सकते हैं। उसके मन में इन सब लड़कियों का मिला-जुला एक कोलाज चित्र था पर जितने भी रिश्ते आये एक भी लड़की इस कसौटी पर नहीं उतरती थी।

एक दिन सचिन दिवाकर, उसका दोस्त, एकदम सीरियस हो गया था। बोला—''सुरेश, तुम्हारा कोई अफेयर हो तो साफ बता दो। कम से कम लड़की वालों से साफ कह तो सकूंगा। बेचारे आस लगाये आते हैं। जानते हो, तुम्हारे लिए अब तक तीन जगह जलील हो चुका हूं।''

''सॉरी यार। पर...'' दिवाकर ने उसे वाक्य पूरा करने नहीं दिया। बोला—''फालतू बातें बंद। साफ-साफ बताओ, माजरा क्या है?''

''माजरा कुछ नहीं है यार। कुछ होता तो तुझे पता नहीं चलता?''

''तो फिर यह तमाशा क्या है? क्या लड़कियां रिजेक्ट करने का रिकार्ड बनाना चाहते हो?''

''मुझे क्या मजा आता है रिजेक्ट करने में। पर कोई ढंग की मिले तो।''

''ढंग की मतलब कैसी?'' दिवाकर जिरह पर उतर आया था।

''ढंग की मतलब—मतलब जो मेरी कल्पनाओं से मेल खाती हो। मेरे सपनों में फिट बैठती हो। मेरी अपेक्षाओं के कुछ तो निकट हो।'' सुरेश ने समझाने का भरसक प्रयत्न किया। दिवाकर एकदम बौखला गया। बोला—''भैया, कल्पना अपनी जगह ठीक है, पर वास्तविकता से उसका कुछ लेना-देना नहीं होता। सपने देखना कोई अपराध नहीं है, पर उन्हें यथार्थ में उतारने की चेष्टा बेवकूफी है। तुम क्या सोचते हो हमें सपने देखना नहीं आता? हमारी कल्पनाशक्ति को क्या

दीमक चाट गई है? लेकिन भाई मेरे, हम यह कभी नहीं भूले कि हमारी ड्रीमगर्ल इन दो कमरों के मकान में हमारी टटपूंजिया तनख्वाह पर गुजर-बसर करने कभी नहीं आयेगी। इस काम के लिए तो इस धरती की बेटी को ही चुनना पड़ेगा। सपनों की रानी तो कार वालों को, बंगले वालों को ही नसीब होती है।''

इस तरह दो टूक शब्दों में सत्य को उसके मुंह पर फेंककर दिवाकर तो चला गया था, पर जाते-जाते उसके अहं को भी चूर-चूर कर गया था। हताशा की उस चरम स्थिति में जो भी पहला रिश्ता सामने आया उसने मंजूर कर लिया।

घर में तो जैसे तूफान आ गया था। कैसी अच्छी-अच्छी लड़कियां नकार दी थीं और अब...। लोग देखेंगे तो क्या कहेंगे? क्या इसी के इंतजार में इतने साल कुंआरे बैठे थे।

तब दिवाकर ने ही उसका मंनोबल बढ़ाया था। ऐसी बुरी भी नहीं है भाई। वो तो आजकल लड़कियां नौकरी करते-करते मुरझा जाती हैं। शादी की चिंता में सूख जाती हैं, बस। बढ़ती उम्र का अहसास उनकी रौनक छीन लेता है। एक बार शादी हो लेने दो फिर देखना।

उसने झूठ नहीं कहा था। जो लड़की वह देखने गया था, और जो उसके यहां दुल्हन बनकर आई थी, उन दोनों में ही काफी अंतर था। फिर शादी के बाद तो महीने-भर में उसकी रंगत ही बदल गई। चेहरे पर निखार आ गया। उसका सारा व्यक्तित्व ही जैसे खिल उठा। आदतन वह उसे अच्छी लगने लगी थी। उसका बनाया खाना वह रुचि के साथ खाने लगा था। उसके साथ गृहस्थी की छोटी-मोटी खरीदारी करने में उसे आनंद आने लगा था। दफ्तर से लौटते हुए वह रोज उसके लिए वेणी लाता था। शाम को रोज़ घुमाने ले जाता था। कभी आइसक्रीम, कभी गन्ने का रस, कभी चाट...मसलन कोई शाम खाली नहीं जाती थी।

हर रात वह उसके साथ प्रणय के नये अध्याय रचता था।

विभा भी अभिभूत-सी हर पल उसके आसपास मंडराया करती थी। उसके ब्रह्मचारी कुटीर की उसने महीने-भर में ही कायापलट कर दी थी।

कुल मिलाकर बड़े मजे में गुजर रही थी और अचानक अब ये क्या हो गया। मि. श्रीमाली के यहां का डिनर जैसे सारे जीवन को ही बेस्वाद कर गया। सारा उत्साह ही निचुड़ गया हो जैसे।

''उठिए जी, चाय हाजिर है।'' जागरण से बोझिल पलकों को सप्रयास

खोलकर उसने देखा, विभा चाय लेकर प्रसन्न मुद्रा में खड़ी थी। जैसे यह सुबह भी दूसरी अनगिनत सुबहों की तरह थी। जैसे उसे खबर ही नहीं कि यह रात उस पर कितनी भारी थी। जैसे विभा को होश ही नहीं है कि उसके चार शब्दों ने सुरेश की दुनिया को हिलाकर रख दिया है।

चाय का कप और अखबार उसे पकड़ाकर वह इत्मीनान से बिस्तर साफ करती रही। उसने खिड़कियों के परदे ठीक किये, मेजपोश की सलवटें ठीक कीं, बासी अखबार तह कर यथास्थान रखा और फिर पल्ला कमर में खोंसकर कमरे में झाड़ू देने लगी। उसके प्रत्येक कार्यकलाप में एक सुघड़ गृहिणी के लक्षण परिलक्षित हो रहे थे। रोज सुरेश विभा की इन्हीं भंगिमाओं को विमुग्ध भाव से देखता था, पर आज उसे उनमें अद्वितीय जैसा कुछ भी नहीं लगा। वह निर्विकार भाव से पेपर पढ़ता रहा।

अगले 4-5 दिन तक वह इसी तरह उदास बना रहा। किसी रूठे हुए बच्चे की तरह अपने-आप में खोया रहा। उसके भीतर प्रतिपल जैसे कुछ सुलगता रहा। पर अपनी नई-नवेली गृहस्थी को सजाने-संवारने में खोई विभा को इसका पता ही न चला।

उस दिन शायद रविवार था, एक निरानंद रविवार। वह नौ बजे तक बिस्तर में ऊंघता रहा, फिर नहा-धोकर बाजार निकल गया। दो घंटे बाद वह लौटा तो विभा डोसे का सरंजाम किये उसकी बाट देख रही थी। उसने चुपचाप नाश्ता किया, हमेशा की तरह तारीफ के पुल नहीं बांधे।

"सुनिए!" विभा ने लाड़-भरे अंदाज में कहा।

"क्या?"

"वो सामने वाले मुकर्जी साहब हैं न, उनका ट्रान्सफर हो गया है।"

"तो?"

"वो कई चीजें बेच रहे हैं।" पति की बेरुखी से बेखबर विभा कहती रही—"ड्रेसिंग टेबल भी बेच रहे हैं। सिर्फ दो सौ में दे रहे हैं। मैं बात करूं?"

"क्लर्कों के घर में ड्रेसिंग टेबल शोभा नहीं देती।" उसने तल्ख स्वर में कहा।

"ड्रेसिंग टेबल कोई मारुति कार तो नहीं है जो आप ऐसी बात कर रहे हैं। आजकल तो इतनी कॉमन हो गई है।"

"मैंने एक बार कह दिया न। मैं वही चीजें लाता हूं जो मेरी झोंपड़ी में शोभा देती हैं। बीवी का चुनाव भी मैंने इसी दृष्टिकोण से किया है।"

सुरेश ने बात खत्म की और एकदम हल्का हो आया। चार-पांच दिन से मन पर एक बोझ था, एक फांस-सी चुभ रही थी, अब कुछ शांत हो गया। जैसे बदली के बाद आसमान साफ हो जाता है। वह पुनः अपने खिले हुए मूड में लौट आया। बोला, "लमहे देखनी थी तुम्हें। अल्पना में लगी है। तीन के शो में चलेंगे।"

विभा ने हां या न कुछ भी जवाब नहीं दिया। लेकिन जब दो बजे चाय बन गई तो वह समझ गया कि पिक्चर का प्रोग्राम मंजूर हो गया है। फिर दोनों तैयार होने लगे, पर विभा ने इतराकर यह नहीं पूछा कि साड़ी कौन-सी पहनूं। बाल खुले रहने दूं या जूड़ा बना लूं। न उसने गमले का गुलाब तोड़कर बालों में लगाया। सुरेश समझ गया कि वह भी भीतर तक हिल गई है। धोबी के कपड़े अब तक वैसे ही कपड़े में बंधे पड़े हैं। सब्जी का थैला भी खाली नहीं किया गया है। धुले हुए बर्तन भी जैसे-तैसे अलमारी में रख दिये गये थे। उनका पिरामिड नहीं बना था। लगता था उसका सारा उत्साह किसी ने सोख लिया है।

ढाई बजे वह सीटी बजाता हुआ बाहर निकला। विभा ने चुपचाप बाहर निकलकर ताला डाला। चाबियां सुरेश को थमा दीं। चाबियां जेब में डालते हुए सुरेश बोला, "टैम्पो में चलते हैं। और भीड़ न हुई तो फर्स्ट क्लास में ही बैठेंगे।"

"नो टैक्सी, नो बालकनी, नो फिजूलखर्ची।"

हनीमून समाप्त हो गया था।

गृहस्थी शुरू हो गई थी।

एक शहादत, एक फलसफा

दो बज चुके हैं। रात की निस्तब्धता में रजनी के हल्के से शब्द भी भारी लग उठे।

"क्या मुझे घड़ी देखना नहीं आता जो बार-बार बतलाया जा रहा है?" अनिल ने खीझकर कहा।

रजनी सहमकर चुप हो गई। अनिल ठीक कह रहा था। पिछले एक घंटे में वह तीन बार टोक चुकी थी। पर वह क्या करे, उसका मन भी तो नहीं मानता। आज शाम ही से वह अनमना-सा है। क्लब भी नहीं गया। खाना भी ढंग से खा नहीं सका और तब से ऐसे ही मेज पकड़कर बैठा है। वह खूब जानती है कि वह पढ़ नहीं रहा है। सामने रखी पुस्तक के पन्ने हवा में फड़फड़ाकर ऐसे ही चुप हो जाते हैं जैसे रजनी की आवाजें। टेबल लैम्प की धीमी रोशनी में अनिल की आकृति किसी मूर्ति की तरह लग रही थी। बिस्तर पर आ लेटता तो रजनी जिद करके उसका सिर दबा देती, तलवों में घी मसल देती, पर वहां कुर्सी पर बैठा हुआ वह कितनी दूर, कितना पराया-सा लग रहा था।

खीझ भले ही गया हो अनिल, पर रजनी की मनुहारों को उसके शरीर ने अनुभव किया और वह अलसाया-सा आकर बिस्तर पर लेट गया और फिर देर गये रात तक छत की कड़ियां गिनता रहा। नींद की प्रतीक्षा में जब भी जबरदस्ती पलकों को मूंदने की चेष्टा करता, शकुन का चेहरा बार-बार आंखों में उतर आता और इतने दिनों वह समझता रहा कि वह उसे भूल चुका है, कि वह उससे इतनी ज्यादा नफरत करता है कि दुबारा उसकी शक्ल भी देखना नहीं चाहेगा। पर आज शाम एक बार उसे देखते ही यह भ्रम टूट गया।

वैसे घर से इतनी दूर, यहां इंदौर में उसे देखने की कल्पना भी उसने न की थी। सच पूछा जाये तो उसकी तमाम यादों से पीछा छुड़ाने के लिये ही उसने मेरठ छोड़ा था। आज भी अगर संभव होता तो वह बचकर निकल जाता पर उसे मौका ही न मिला।

रोज की तरह कॉलेज से लौटकर छावनी चौराहे पर पान खाने को रुका था तभी पीछे से आवाज आई, ''अ–निल!''

उसकी सांस जैसे पल-भर को रुक गई। इस तरह से आवाज देने वाली व्यक्ति एक ही थी। उसने मुड़कर देखा–वही थी। उसने देखा और देखता ही रह गया। इन चार-पांच वर्षों में उसका सौंदर्य जैसे और निखर आया था। शकुन ने परिचय कराते हुए जब उसका नाम लिया तब कहीं उसे भान आया और उसने साथ खड़े उस सुदर्शन व्यक्तित्व को देखा–''ये हैं डॉक्टर कौशल, मेरे पति।'' शकुन कह रही थी।

''वेरी ग्लेड टू मीट यू।'' डॉक्टर साहब ने हाथ मिलाते हुए कहा। अनिल का ठंडा हाथ था, डॉक्टर का हाथ एकदम गर्म था। अगर स्पर्श से मनुष्य का स्वभाव जाना जा सकता है तो डॉक्टर निश्चित ही सहृदय व्यक्ति जान पड़े।

''और यह है हमारी पिंकी। पिंकी बेटे, अंकल से नमस्ते करो।'' और एक गुलाब का फूल अनिल को देखकर मुस्करा दिया। शिष्टाचारवश अनिल को उसे गोद में उठाकर प्यार करना पड़ा। तब मन में बात आये बिना नहीं रह सकी, काश यह उसकी अपनी बच्ची होती।

फिर डॉक्टर साहब ने बतलाया था कि वे अपने मामाजी के यहां शादी में आये हुए हैं। रेडियो कॉलोनी के पते पर अनिल को आने का निमंत्रण भी उन्होंने दिया। उनके विदा होने पर अनिल घर लौटा था, पहले से भी अधिक उदास, अधिक लुटा हुआ।

घर आकर भी तो वह आश्वस्त नहीं हो पाता कभी। हमेशा ही घर से भागा-भागा रहता है। सबसे ज्यादा डर लगता है उसे रजनी से, उसकी आंखों से। उन आंखों की भाषा वह खूब समझता है। उन आंखों के मौन अभियोग से वह सहम जाता है।

दरअसल वह रजनी को पत्नी के रूप में नहीं, मां की बहू के रूप में ब्याह लाया था। और इसी तरह निभा भी रहा था। सब-कुछ जैसे मात्र कर्तव्य हो।

दूसरे दिन सोकर उठा तो आंखें लाल थीं और सिर भारी था। मां ने तीन-तीन बार शरीर छूकर देखा और फिर हुक्म दे दिया कि आज कॉलेज नहीं जायेगा। हमेशा मां की ममतामयी जिद को जिरह से पस्त करने वाला अनिल इस आज्ञा को गनीमत जानकर दो दिन तक घर में मुंह छिपाकर पड़ा रहा। बंदी शेर की तरह कमरे में चहलकदमी करता रहा। मां और पत्नी की मनुहारों को झिड़कता रहा। उसकी उपस्थिति से घर में एक तनाव का-सा वातावरण हो गया। खुद उसका ही दम घुटने लगा और तीसरे दिन वह रोज की तरह दस बजे कॉलेज के लिये चल पड़ा।

उस दिन अंतर्महाविद्यालयीन क्रिकेट में विजयी होने की खुशी में कॉलेज दो बजे ही बंद हो गया। खाली समय एक पहाड़ की तरह अनिल के सामने खड़ा था। घर वह जाना नहीं चाहता था, क्लब का समय दूर था, मन मारकर वह महात्मा गांधी रोड पर विंडो शॉपिंग के लिये चला आया।

शाम को रंगीनी और हलचल से भरा बाजार दिन के समय एकदम सुस्त लग रहा था। अनिल पूरे बाजार में एक चक्कर लगाकर लौट ही रहा था कि वही आवाज आई—"अनिल!"

उसने देखा, नावल्टी में वह खड़ी थी। पति और बच्ची भी साथ ही थे।

"प्लीज, अनिल, हमारी जरा मदद करो तो। कोई अच्छा-सा प्रेजेंट बताओ। मेरी तो कुछ समझ में नहीं आ रहा है।"

"इनकी समझ में नहीं आ रहा और दूसरों की समझ पर भरोसा नहीं है। एक घंटा पूरा हो गया। पिंकी भी परेशान हो गई है।" डॉक्टर साहब ने कहा।

"आप दोनों सोचिये, मैं तब तक पिंकी को एंटरटेन करता हूं।" अनिल ने बचाव करते हुए कहा। पर वह हुआ नहीं। पिंकी पापा का साथ छोड़ने के लिए तैयार नहीं थी। अंत में डॉक्टर साहब उसे लेकर टॉयज सेंटर चले गये और शकुन ने फिर प्रेजेंट की खोजबीन प्रारंभ कर दी।

बहुत देर बाद शकुन ने अनुभव किया कि अनिल सिर्फ हां-न के सिवाय कुछ नहीं बोल रहा है। "चलो दूसरी जगह देखते हैं।" कहती हुई वह नीचे उतर आई।

"अब तक नाराज हो?" शकुन ने सड़क पर आते ही पूछा।

"कम से कम इतना हक तो मुझे है ही।" अनिल ने कड़वाहट से कहा।

शकुन का चेहरा सफेद पड़ गया। कुछ क्षण ऐसे ही बीत गये फिर साहस

बटोरकर कहा शकुन ने—"तुम्हें मालूम है अनिल, मैं किस कदर मजबूर थी। मैंने... ।"

"प्लीज शकुन! फिर से वह सारी बातें मत दुहराओ। तुम्हारा वह आखिरी खत मुझे मुंहजबानी याद है। कहो तो सुनाऊं?"

अनिल के इस व्यंग्य को अनसुना कर शकुन ने कहा, "फिर भी तुमने मुझे माफ नहीं किया था?"

"तुम्हें माफ तो कर दिया था, पर शायद अब अपने-आप को कभी माफ न कर सकूंगा।"

"क्यों?"

"तुम पर विश्वास कर लेने के लिये शकुन, मजबूर लोग इस तरह खुश-खुश नजर नहीं आते। तुम्हें तो बधाई देने की इच्छा हो आती है।"

अनिल की इस बात से तिलमिला उठी शकुन। पर उतनी ही कटुता से बोली, "तो तुम क्या चाहते हो, तुम्हारी तरह शहीदाना भाव चेहरे पर ओढ़कर फिरूं?"

फिर सहज होते हुए बोली, "पीछे देखकर आगे की ओर चलना बहुत कठिन है अनिल। और जिस बात को याद रखने में कष्ट हो उसे भूलना ही अच्छा है।"

"फिलॉसफी अच्छी है। काश कि हर कोई उसे अपना सकता।" अनिल की आवाज में कटुता थी।

"देखो अनिल, सपनों के सहारे कोई कब तक जी सकता है। वे जो जिंदगी की वास्तविकताओं से टकराते ही टुकड़े-टुकड़े हो जाते हैं। फिर क्या उन टुकड़ों को ही जिंदगी-भर कलेजे से लगाये रखना चाहिए..."

"मम्मी!" भीड़ को चीरती पिंकी की आवाज आई। डॉक्टर साहब के कंधे पर बैठी वह अपनी नई गुड़िया के साथ खुश-खुश चली आ रही थी।

"इन्हें देखो, अनिल, इन सब बातों में इनका क्या दोष है? फिर इनके जीवन में विष घोलने का मुझे क्या अधिकार है?" और फिर डॉक्टर साहब पास आ गये थे और शकुन का वाक्य अधूरा ही छूट गया था। अनिल ने कुछ औपचारिक बातें कीं, पिंकी के गाल थपथपाये और एक पांच का नोट उसके हाथों में देकर चलता बना जैसे शकुन का और उसका संबंध इतना ही था। यदि वह यथार्थ का दम भर सकती है तो वही क्यों भावुक बने।

घर लौटते हुए पूरे रास्ते उसका मन रोष से उफन रहा था। यह रोष अपने आप पर था या शकुन पर, उसे खुद पता नहीं चल रहा था।

मां के कमरे में जमी रामायण को देखकर समझ गया कि आज वह जल्दी ही लौट आया है। उन लोगों को डिस्टर्ब न करता हुआ वह चुपचाप कमरे में चला आया। कमरे में रजनी थी। उसे यूं अचानक आया देखकर बेतरह सकपका गई। हाथ की सिलाई उसने जल्दी-जल्दी एक छोटे से सूटकेस में रखी और रसोई में भाग गई।

अनिल कुछ देर तो मेज पर सिर टिकाये बैठा रहा। फिर अपने विचारों से त्रस्त होकर कमरे में चहलकदमी करता रहा। तभी उसकी दृष्टि उस छोटे से सूटकेस पर पड़ी। निश्चय ही वह नया घर फिर उसे याद आया, उसे देखकर रजनी कितनी हड़बड़ाकर उठी थी। कौतूहलवश उसने सूटकेस खोला। ऊपर ही अधसिला लाल रंग का एक बेबी मनीला था। उसने उठाकर देखा—नीचे और भी नन्हे-नन्हे कपड़े तहाकर रखे हुए थे।

अनिल को मालूम था कि रजनी मां बनने जा रही है, पर इसे लेकर अभी कोई बात मन में नहीं जागी थी। शायद मां की इच्छा पूर्ण करने का भाव ही सर्वोपरि रहा है।

पर आज मन उतना निर्लिप्त नहीं रह सका। उन रेशमी कपड़ों के स्पर्श से मन में एक रेशमी स्पन्दन जागा। उसकी कल्पना में एक नन्हा-मुन्ना आकर उभरा, जो उसका था, सिर्फ उसका।

रजनी चाय लेकर आई उस समय भी वह गोद में वह सूटकेस लिये पलंग पर बैठा था। रजनी ने हैरत से उसकी ओर देखा तो वह शरारतन मुस्कराकर बोल उठा—"चुपके-चुपके बड़ी तैयारियां हो रही हैं?"

छोटा-सा वाक्य था, पर रजनी लाज से भर उठी। आज पहली बार अनिल ने आने वाले मेहमान के लिए कुछ कहा था। इस कुछ कहने की मधुरता से वह बाहर-भीतर भीग उठी।

अनिल देर तक उस लाज-भरे सौंदर्य को निहारता रहा। उस समय वह उसे शकुन से भी ज्यादा सुंदर लगी। उसे अपने ऊपर कोफ्त हो गई—क्यों हर बात को वह शकुन के ही संदर्भ में सोचता है। उसे शकुन पर भी कोफ्त हुई जो उसकी जिंदगी के प्रत्येक क्षण पर अपनी मुहर लगाकर यों अलग हो गई है (और अब जिंदगी के यथार्थ का फलसफा छांट रही है)।

किस मासूमियत से पूछ रही थी—"अनिल—इन सब बातों में इनका क्या अपराध है? फिर इनके जीवन में विष घोलने का मुझे क्या अधिकार है?"

उसका यह प्रश्न घंटियों की तरह अनिल के मस्तिष्क में बजने लगा। वह अपने-आप से भी तो पूछ सकता था यही प्रश्न! और उसका उत्तर! क्या देगा वह इसका उत्तर?

शायद इसी प्रश्न से बचने के लिये उसने रजनी के घने बालों में अपना मुंह छिपा लिया।

बिछोह

विजय दफ्तर के लिए तैयार हो रहा था कि सुधा ने आकर पूछा—"सुनो, वह पड़ोस का दीपक है न! उसका दोस्त अपनी अलमारी देखना चाहता है। दिखा दें?"

"अलमारी!" विजय चौंक पड़ा—"अपनी अलमारी की तारीफ दीपक के दोस्तों तक कैसे पहुंच गई?"

"दरअसल वो क्या हुआ", सुधा ने खिसियाये स्वर में कहा—"एक दिन कबाड़ी को बुला लिया था मैंने। पर उसे अकेले घर में ले जाने की हिम्मत नहीं पड़ी तो सहारे के लिये दीपक को बुला लिया। कबाड़ी मरा 35 रुपये से आगे बढ़ ही नहीं रहा था। फिर दीपक ही बोला—भाभी, अभी रहने दीजिए। मेरा एक दोस्त है। पुरानी चीजों का बड़ा शौक रखता है। उसे एक बार दिखा देते हैं। पता है, वह इन पुरानी चीजों को खरीदकर ऐसी कायापलट कर देता है कि पहचानी नहीं जातीं। अभी पिछले साल चोपड़ा लोगों से सोफासेट खरीदा था... ।"

"दिखा दो भई, मेरे पास तो अब टाइम नहीं है।" विजय ने बेजारी से कहा। घड़ी का कांटा सचमुच सवा दस के करीब पहुंच गया था।

स्कूटर पर बैठकर दफ्तर की ओर जाते हुए विजय सुधा की बातें ही मन में दोहरा रहा था। उसकी समझ में नहीं आ रहा था कि आखिर कुछ लोगों को पुराना कबाड़ खरीदने का शौक क्यों होता है, जबकि बाजार में एक से एक चीजें उपलब्ध हैं। सुधा बता रही थी कि दीपक को अपनी अलमारी बड़ी आर्टिस्टिक लगी। हुंह! विजय को इसी बात पर बड़ी हंसी आ रही थी। भई

आर्टिस्टिक उसमें क्या है? पुराने जमाने का भारी-भरकम ढांचा है बस। इस छोटे से घर में तो एकदम असंगत लगता है।

हां, उसके दोनों पल्ले जरूर नक्काशीदार हैं। पर विजय ने उन्हें कभी प्रशंसा की दृष्टि से नहीं देखा। वे बेलबूटे एक तरह से सिरदर्द ही थे। इतनी गर्द भर जाती थी उनमें। साल में दो-चार बार तीज-त्योहार पर वह खूब तेल-पानी लगाकर उन्हें चमकाने का प्रयास करता था। पर चार-छः दिन बाद वह फिर वैसे के वैसे हो जाते थे।

उस अलमारी से नजात पाने की बात कब से उसके मन में है। पर सुधा ने तो इस दिशा में बाकायदा अभियान शुरू कर दिया है, इस बात की उसे जानकारी ही नहीं थी। सुधा की उतावली स्वाभाविक भी थी। इस महीने उसकी बी सी खुली थी। एक डायनिंग टेबल लेने का वह कब से सपना देख रही है। पर घर में जगह कहां है? इतनी-सी तो रसोई है और बीच वाला कमरा आधा इस अलमारी ने घेर रखा है।

फाइलों से उलझते हुए भी विजय नयी डायनिंग टेबल के बारे में ही सोच रहा था। विजय की इच्छा थी—चार का ले लें। पर सुधा का कहना है, चीज रोज-रोज तो नहीं बनती। एक बार हिम्मत करके बड़ा-सा ही ले डालो। हम क्या जिंदगी-भर इसी घर में बने रहेंगे?—गहराई से सोचने पर सुधा की बात ठीक ही मालूम होती थी। वैसे भी औरतें इन मामलों में ज्यादा प्रैक्टिकल होती हैं।

वैसे अम्मां अगर होतीं तो किसी की मजाल नहीं थी कि अलमारी को बेच दे। एक अजीब-सा मोह था अम्मां को इस अलमारी से। कहतीं—ये तेरे बाबूजी की पहली तनखा की खरीद है। बड़ी बरकत वाली चीज है। इसी के साथ तो घर भरता चला गया।

और फिर बड़े मनोयोग से उस पहली तारीख का किस्सा सुनाने लगतीं जब शाम को बाबूजी चार कुलियों के सिर पर यह अलमारी लदवाकर लौटे थे। अम्मां दिन-भर बैठे-बैठे पता नहीं कैसे सपने बुनती रही थीं। शाम को जब सुना कि आधी तनखा उसमें स्वाहा हो गई है तो एकदम बरस पड़ीं। बाबूजी फिर देर तक उन्हें मनाते रहे थे, समझाते रहे थे। बोले—"शकुन की मां, इस बार माफ कर दो। तुम देखना, साल-भर में तुम्हारी अलमारी गहनों-कपड़ों से भर दूंगा।"

"हाय राम!" सुधा कहती—"क्या शकुन जीजी उस समय थीं? बाबूजी

की पहली तनखा पर?''

''थीं क्यों नहीं। कम्मो भी थी। बहू, छोटे में शादी होवे थी तब। अब की तरह थोड़े ही है कि...''

पता नहीं कितनी बार विजय इस प्रसंग को सुन चुका है। हर बार अम्मां का स्वर रसिल हो उठता था। चेहरा एक आभा से दमकने लगता था। पति के प्रति गर्व की कोई सीमा नहीं थी उनमें। बाबूजी ने सचमुच अपना वचन पूरा किया था। देखते-देखते अम्मां का घर भर दिया था उन्होंने।

कितना सामान था अम्मां की गृहस्थी में। बिस्तर इतने थे कि दस-पंद्रह आदमी आ जायें तो भी कोई परेशानी नहीं होती थी। घर में इतने बर्तन थे कि सौ आदमियों का खाना आसानी से बन सकता था। पास-पड़ोस में जब-तब मांगे से जाते ही रहते थे। परात तो इतनी बड़ी थी कि दो बच्चे आसानी से बैठकर नहा लें। गुसलखाने में तांबे की बड़ी-सी गंगाजली थी। पूरी तीन बाल्टी पानी आता था।

गांव वाला उनका घर पुराना सही पर काफी बड़ा था। वहां इतने सामान का अता-पता भी नहीं चलता था। पर शहर के तीन कमरों के फ्लैट में तो उनकी उपयोगिता शून्य रह गई थी। कुछ तो वह गांव में ही छोड़कर आ गये थे। कुछ चीजें सुधा सोच-समझकर ले आई थी। उन्हें उसने अपनी दृष्टि से भुना लिया। अम्मां के बड़े-बड़े बर्तन बाजार में चले गये और सुधा की रसोई स्टील के बर्तनों से जगमगाने लगी। अम्मां की शादी का असली जरी का लहंगा ढाई सौ में बिका और सुधा के घर में प्रेशर कुकर आ गया। अम्मां की मटरमाला सुनार की भट्टी में गल गई और सुधा का पूरा सेट बन गया। चांदी के बड़े-बड़े थाल सर्राफे में चले गये और विजय के पास स्कूटर आ गया।

अम्मां चुपचाप सब देखतीं और सांस छोड़कर कहतीं—''तिनका-तिनका जोड़कर गृहस्थी जुटाई थी रे। तुम्हीं लोगों के लिए खून-पसीना एक किया था। तुम्हीं ने सब बरबाद कर दिया।''

वे लोग कभी नये जमाने की दुहाई देकर या छोटे घर का सबल कारण बताकर उन्हें मना लेते। पर अलमारी! न, उन्होंने किसी को छूने भी न दी।

दोपहर को सुधा का फोन आया—''वह 140 रुपये दे रहा है दे दें?''

''बिल्कुल, एकदम दे डालो।'' विजय ने छूटते ही हामी भर दी। उसे लग रहा था, दीपक का दोस्त कलाकार हो न हो, खब्ती जरूर है। 140 रुपये तो

उसकी खरीद भी नहीं है। इतनी बड़ी रकम तो एकमुश्त बाबूजी खर्च भी न कर पाते। बेचारों का वेतन था ही कितना। जितने पर वे रिटायर हुए, उतने पर तो विजय ने शुरू किया है। पर उतनी-सी कमाई में बाबूजी कितना कुछ कर गये। आज उसके पास जो है, उन्हीं की बदौलत है। उसकी अपनी तनखा तो खाने-कपड़े पर ही खर्च हो जाती है।

बाबूजी के जमाने में इस अलमारी की भी अजीब शान थी। अम्मां उसे हमेशा चमकाकर रखतीं। उसमें रखी हर चीज भी करीने से लगी होती। सबसे निचले वाले हिस्से में धोबी की धुली चादरें, कम्बल और शालें रहतीं। मेहमानों के आने पर ही उन्हें काम में लिया जाता। उससे ऊपर वाले तल्ले में चीनी के कप-प्लेटें, चम्मच, कांच के गिलास तथा फूलदार ट्रे रहती। ये चीजें भी खास-खास मेहमानों के लिए ही निकाली जाती थीं।

इससे ऊपर वाला खाना विजय को बहुत प्यारा था। इसमें अम्मां की तीज-त्योहार या शादी-ब्याह पर पहनी जाने वाली साड़ियां रखी रहती थीं। विजय अक्सर इन साड़ियों में सिर डालकर सूंघता रहता। उन दिनों ड्राईक्लीनिंग का चलन तो था नहीं। अम्मां की उन साड़ियों में उनके देह की परिचित गंध इत्र की खुशबू के साथ एकाकार हो जाती थी।

सबसे ऊपर की मंजिल बाबूजी की थी। इसमें पुस्तकें रखी रहतीं। सुखसागर, चंद्रकान्ता सन्तति, जी.पी. श्रीवास्तव और प्रेमचंद के कुछ उपन्यास। पर बच्चों को इन पुस्तकों से दूर ही रखा जाता था। और इसीलिये उन्हें चोरी से पढ़ने के लिये भाई-बहनों में होड़ लगी रहती।

बाबूजी की मृत्यु के बाद जब वे लोग अम्मां को अपने साथ लेकर आ गये तो अलमारी भी साथ-साथ चली आई। उस पर अम्मां के ठाकुरजी का अधिकार हो गया। नीचे पोथियां और पूजा की सामग्री रखी रहती। बीच वाले तल्ले पर ठाकुरजी विराजते, ऊपर के दोनों खाने खाली ही पड़े रहते। बहुत हुआ तो दवाई की शीशियां रख दीं। शेष सब बेतरतीब कटे-फटे कागज उसमें बिछे रहते।

अम्मां के जाते ही वह अलमारी एकदम गैरजरूरी लग उठी थी। पर इतनी जल्दी उससे मुक्ति मिल जायगी यह आशा नहीं थी। सुधा की सचमुच प्रशंसा करनी होगी।

शाम को रोज की तरह वह दफ्तर से लौटा।

स्कूटर सीढ़ियों के पास टिकाकर गुनगुनाता हुआ वह घर में दाखिल हुआ। ब्रीफकेस मेज पर पटककर मुंह-हाथ धोने के लिए भीतर पांव ही दिया था कि उसका कलेजा धक से रह गया। बीच वाला कमरा एकदम खाली-खाली लग रहा था।

उस दिन अम्मां को चिता को सौंपकर वह लौट रहा था तो मन में यही सोच रहा था कि अम्मां की खटिया के बिना अब बीच वाला कमरा कितना खाली-खाली लगेगा। पर घर आकर देखा, वह कमरा ही क्यों, पूरा घर औरतों से ठसाठस भरा हुआ था। दस-बारह दिन तक फिर आने-जाने वालों का सिलसिला खत्म ही नहीं हुआ था। उसकी दोनों बहनें, चाचा-चाची आदि लोग तो तेरही के बाद भी बने रहे थे। उन सबके बीच अम्मां की अनुपस्थिति का पता ही नहीं चला। जब तक सब लोग विदा हुए वे लोग नई परिस्थिति के अभ्यस्त हो चुके थे।

फिर आज!

''सुधा!'' वह जोर से चीखा।

''क्या हुआ?'' वह बदहवास-सी दौड़ी आई।

''अलमारी कहां है?''

''बरामदे में रखी तो है। वे लोग ठेला लाने गये हैं। आते समय देखी नहीं क्या? हाय राम! जरा-सी बात के लिये इस कदर की चीख-पुकार मचा दी। मेरे तो हाथ-पांव फूल गये।''

सुधा बुदबुदाती हुई रसोई में लौट गई। वह कुछ देर जड़ बना कमरे में खड़ा रहा। फिर तेजी से पलटकर बरामदे में आया।

वहां एक कोने में वह अलमारी खड़ी थी। असहाय-सी, अनादृत-सी। उसके दोनों पल्ले खुले हुए थे और हवा में धीरे-धीरे कांप रहे थे। उसे लगा जैसे अम्मां ही उसे अपने अंक में भर लेने को व्याकुल हैं। वह झिझकता-सा पास आ खड़ा हुआ। फिर उसने बेतरतीब फैले हुए कटे-फटे अखबारी कागजों पर अपना सिर रख दिया। स्मृतियों में बसी अम्मां की साड़ियों की परिचित गंध धीरे-धीरे उसके नथुनों में भरने लगी और वह फफककर रो पड़ा।

अनिकेत

सुराही का पानी खत्म हो गया था। पहले तो सोचा किसी को आवाज दे दूं, पर घर में एकदम सन्नाटा था। खुद ही उठकर रसोई तक चली आईं। देखा–कमली फ्रिज में से दूध निकाल रही है।

"बाहर कोई आया है क्या?" उन्होंने पूछा।

"नहीं तो अम्मांजी। हम तो अपनेइ लाने चाय बना रहे हैं। आज सकार से मूड खूबई पिरा रओ हैगो। आपहुं को बना दें?"

"नहीं।" उनकी आवाज बेवजह सख्त हो आई। नौकरों का इस तरह वक्त-बेवक्त अपनी मर्जी से चाय बनाकर पीना उन्हें जरा नहीं सुहाता था। पर कुछ कह नहीं पाती थीं। लगता था, जैसे यह अधिकार उन्हें नहीं है। डर भी लगता, कहीं ये लोग पलटकर जवाब दे दें तो–अपनी फजीहत करवाने से फायदा।

लौटने लगीं तो बरबस बहू के कमरे के सामने ठिठक गईं। बहू कूलर की ठंडी हवा में लेटी उपन्यास पढ़ रही थी। आहट पाते ही चौंककर उठ बैठी–"क्या है मांजी? चाहिए था कुछ?"

"बेटी–ये कमली और गनपत जब-तब चाय बनाकर पीते रहते हैं। तुमसे पूछते भी हैं कि नहीं?"

"पूछ भी लेते हैं कभी-कभी", बहू ने लापरवाह ढंग से कहा। यद्यपि वह बिस्तर से उतरकर खड़ी हो गई थी फिर भी उसके चेहरे पर बेजारी साफ झलक रही थी।

अपना कर्तव्य समाप्त-सा कर वे लौट पड़ीं। बहू का बुदबुदाना उनके पीछे

लगा चला आया–"इनके रहते तो सच, एक नौकर भी नहीं टिकने का। कभी नौकर रखे हों तो न जानेंगी कि कैसे निभाया जाता है।"

गुस्से में उफनती वे धम्म से अपनी चारपाई पर बैठ गईं। बाबूजी आरामकुर्सी में धंसे अखबार पढ़ रहे थे। पत्नी के तेवर देखकर बोले–"क्या हुआ?"

"कुछ नहीं।" उन्होंने तमककर कहा। फिर देर तक मन ही मन भुनभुनाती रहीं–"हां, नहीं थी हमारी हैसियत। नौकर तो क्या एक बरौनी भी नहीं रख सके। पर उससे क्या होता है? आज बच्चों को तो इस लायक बना दिया है कि नौकरों की फौज पाल सकें। तुम क्या जानो कि बच्चे कैसे बड़े किये जाते हैं। ये थोड़ेई कि पैदा किया और फुरसत हो गये। अब रोयें तो आया के पास और सोयें तो आया के पास। कहने को एम्मे पास हैं। पर दुधमुंही बच्ची के लिये भी मास्टर लगा रखा है।

बड़की सचमुच बड़ी सुघड़ है। पूरे घर का काम खुद सम्हालती है। दोपहर को दफ्तर में नौकरी करती है और शाम को बच्चों को लेकर बैठती है। ऐसे जहीन बच्चे हैं उसके, हमेशा अव्वल आते हैं क्लास में।"

पर बड़की की तारीफ करते ही मन एकदम कसैला हो आया। याद आया, उसकी भागदौड़ पर तरस खाकर एक दिन उनके मुंह से निकल गया था–"बहू! एक मिसरानी क्यों नहीं रख लेतीं! दिन-भर मशीन की तरह लगी रहती हो।"

बहू ने तपाक से कहा था–"अम्मांजी! हम छुट्टन भैया की तरह अफसर थोड़े ही हैं। गरीब आदमी हैं, पसीने की रोटी खाते हैं। यहां ऊपर से नहीं बरसता। हमें तो महरी की तनखा भी भारी पड़ जाती है। बस, मजबूरी में रखे हुए हैं।"

कटकर रह गयी थीं वे। बार-बार अपने को कोसती रह गई थीं कि क्यों उन्होंने मिसरानी का जिक्र छेड़ा था? क्या वे बड़की का स्वभाव जानती नहीं? अनजाने ही एक गहरा निःश्वास निकल गया।

"क्या बात है?" बाबूजी ने अखबार तहाते हुए पूछा।

"कह तो दिया कि कुछ नहीं।"

"कुछ तो जरूर है?"

"हो भी तो तुम्हें क्या? तुम तो बस अखबार में सिर डाले बैठे रहो।" वे लड़ाई पर उतर आई थीं।

"अखबार में सिर डाले बैठा रहता हूं तभी तो चख-चख से बचा रहता

हूं। तुमसे भी तो कितनी बार कहा था, थोड़ी लिखने-पढने की आदत डाल लो। आज वह काम आती कि नहीं? पर तुमने कभी रसोई से बाहर पैर ही नहीं दिया। वहीं चकरघिन्नी-सी घूमती रहीं।''

''कह तो ऐसे रहे हो जैसे दस-पांच नौकर रख दिये थे मेरे लिये। मेम साहब बनकर लिखती-पढ़ती रहती तो तुम्हारी यह गृहस्थी कौन सम्भालता बताओ तो?''

बाबूजी सिटपिटाकर चुप हो रहे। इस तीखे प्रश्न का उनके पास कोई उत्तर नहीं था। सच तो है, बेचारी की पूरी उम्र गृहस्थी के गोरखधंधे में बीत गई। उनकी इत्ती-सी आमदनी में बच्चों को पाल-पोसकर बड़ा करना सचमुच बड़े जीवट का काम था। उन्हें कभी पता ही नहीं चला कि गृहस्थी की गाड़ी कैसे खिंच रही है। वे तो पत्नी को वेतन थमाकर फुर्सत पा जाते थे। वे तो बस इतना जानते हैं कि उन्हें कभी किसी के सामने छोटा नहीं होना पड़ा। बच्चे पढ़-लिखकर लायक बन गये। लड़की अच्छे से ठिकाने लग गई। वे जानते हैं कि इन सबके पीछे मां की तपस्या है। उनका अपना बड़प्पन कुछ भी नहीं है। पूरी प्रपंच का भार उस पर डालकर वे आजीजन निश्चिंत बने रहे। दो घड़ी फुरसत से सांस लेने-भर की मोहलत भी उसे नहीं मिली। बेचारी कब लिखती, कब पढ़ती?

उनका विचारमग्न दयनीय चेहरा देखकर अम्मांजी को ममता हो आई। स्नेह-भरे स्वर में बोलीं—''जरा घड़ी देखकर बताओ तो क्या बजा है? तुम्हारे लिये दलिया बना लाऊं?''

''बन जायेगा, ऐसी जल्दी क्या है। तुम क्यों परेशान होती हो?''

''क्यों?'' उन्होंने तमककर पूछा—''क्या तुम्हें भी अब मेरे हाथ का बना भाता नहीं है।''

बाबूजी बेचारे चुप हो रहे। वे धम-धम करती रसोई में चली आईं और कड़ाही चढ़ाई। जैसे-जैसे कड़ाही गरम होती गई, उनका गुस्सा ठंडा पड़ता गया।

ठीक ही तो कहते हैं बेचारे। छुट्टन को उनका रसोई में आना जरा अच्छा नहीं लगता। कितनी बार दबी जबान से कह चुका है—

''अम्मां! आप क्यों परेशान होती हैं? करने वाले हैं तो?''

छुट्टन आजकल उन्हें आप कहकर बुलाता है। उसे खुद भी 'छुट्टन' कहलवाना पसंद नहीं है। वैसे उसने खुद कभी नहीं कहा पर बहू कई बार साफ

इशारा कर चुकी है कि नौकरों-चाकरों के सामने इस तरह पुकारना अच्छा नहीं लगता। पर वे क्या करें! उसका भारी-भरकम नाम 'देवव्रत' उनकी जुबान पर चढ़ता ही नहीं।

छुट्टन को यह शिकायत है कि जब घर में इतने सारे नौकर हैं तो अम्मां क्यों खटती रहती हैं। कहता है—"आप तो इन छोटे लोगों को जानती हैं। कॉलोनी भर में कहते फिरते हैं कि अम्मांजी दिन-भर रसोई में लगी रहती हैं जबकि आप तो जानती हैं, नीलू को यह सब करने की आदत नहीं है। और फिर जरूरत भी क्या है?"

जरूरत तो सचमुच नहीं है। फिर भी उनका मन नहीं मानता। किसी दिन दिन-भर खटकर वे बेटे की पसंद की कोई चीज बना ही डालती हैं। पर छुट्टन कहेगा तो सिर्फ यही—"अम्मां! आप क्यों परेशान होती हैं? करने वाले इतने सारे हैं तो।"

छुट्टन के यहां तो खैर जरूरत नहीं है, पर बड़े के यहां तो इतनी हाबड़-ताबड़ मची रहती है। सारा घर जैसे घड़ी की सुइयों पर नाचता रहता है। पर वहां भी बड़की हाथ नहीं लगाने देती।

एक बार तो बड़े ने कहा भी था—"न हो तो सुबह का खाना अम्मां को बनाने दो। उनका मन भी बहल जायेगा, तुम्हें थोड़ा सहारा हो जायेगा।"

बड़की सुनते ही उबल पड़ी थी—"मेरी चिंता रहने दो। मुझे किसी के सहारे की जरूरत नहीं है। और एक बात जान लो—अम्मांजी रसोई में गईं नहीं कि महीने-भर का राशन पंद्रह दिन में चुक जायेगा। जितने तेल में मैं महीना चलाती हूं उतना उन्हें हफ्ते-भर को चाहिए। बजट गड़बड़ा जाये तो फिर मत कहना।"

ढाई कमरों का घर—अनचाहे सब-कुछ सुनाई दे गया था। उनका सारा उत्साह ही जाता रहा था। हुं—हमें बजट की धौंस देती है महारानी। जैसे हमने गृहस्थी चलाई ही न हो। अरे, तुमसे चौथाई आमदनी भी नहीं थी, पर उसी में बच्चों को पढ़ाया-लिखाया, लायक बनाया। सबकी शादियां कीं। तीज-त्योहार किये, नाते-रिश्तेदारियां निभाईं। अपना पेट तो सभी भर लेते हैं, पर हमने पास-पड़ोस भी देखा—जब जिसको जरूरत पड़ी, दौड़े चले गये। अब की तरह नहीं कि बस अपने-अपने दड़बे में बंद हो गये।

और रिश्तेदारी ये क्या निभायेंगे? इकलौती बहन है, वह भी तो बुलावे के लिये तरस जाती है। तीज-त्योहारों का तो अब पता ही नहीं चलता, कब

आये और कब निकल गये। छोटी तो कुछ जानती ही नहीं। बड़ी ये सब मानती नहीं। कहती है इन गोरखधंधों में मेरा जरा भी विश्वास नहीं है।

उन्हें बहुओं पर गुस्सा नहीं आता। वे ठहरीं पराये घर की। पर लड़के तो अपने हैं। असली शिकायत तो उन्हीं से है। कभी नहीं कहेंगे कि अम्मां, सावन यूं ही बीत गया, एक बार भी दाल बाफले नहीं बने। अम्मां, इस बार संक्रांति पर मुंगौड़े जरूर बनाना। अम्मां, होली आई और चली गई, गूंजा-पपड़ियां क्यों नहीं बनाई?

वे तो तरस गई हैं सुनने को कि अम्मां! तुम्हारे हाथ की उड़द की दाल खाये अरसा हो गया। कि अम्मां, आई हो तो बहू को भरवां करेले बनाना सिखाती जाओ।

बाबूजी ठीक ही कहते हैं, जिंदगी-भर रसोई में घुसी रहीं। इससे आगे की दुनिया देखी ही नहीं। और अब रसोई भी उनके लिये निषिद्ध हो गई है। तभी तो बाबूजी के पथ्य का भार उन्होंने अपने ऊपर ले लिया। कोई लाख भुनभुनाता रहे, वे परवाह नहीं करतीं।

दलिये की प्लेट लगाकर कमरे में आईं तो देखा, बाबूजी चिट्ठी पढ़ रहे हैं।

"किसकी है?" उन्हें उत्सुकता हुई।

"शकुन की।"

"क्या लिखती है?"

"हमें बुलाया है। लिखा है, आने की तारीख लिख दो तो वह देवर को भेज देगी। वह लिवा ले जायेगा।"

"समझदार है बेचारी।" उन्होंने उसांस भरकर कहा—"खुद ही न्योता भेज रही है। जानती है न कि अम्मां-बाबू तो अब बेघर हो गये हैं, बुला नहीं सकते।"

"क्या बकती हो?" वे गुर्राये।

"क्यों? कुछ गलत कहा मैंने?"

"नहीं, गलत नहीं कहा।" यह तो बाबूजी को भी मानना पड़ा। बिटिया को देखे डेढ़ साल हो गया। उनकी बीमारी में दस-पांच दिन को आई थी। बस, तब से रोज रटते रहते हैं, पर हर बार बात टलती ही जाती है।

दिल्ली से जयपुर बल्कि पास में था, पर बड़ा हमेशा दिल्ली की महंगाई का, मकान की तंगी का रोना रोता रहा। फिर कभी बड़की के पीहर में शादी निकल आई तो कभी बच्चों की पढ़ाई का बहाना हो गया। आलोक की बोर्ड

की परीक्षा का तो ऐसा हौआ खड़ा किया उन लोगों ने कि अम्मां-बाबूजी को भी यहां छुट्टन के पास भेज दिया।

छुट्टन के यहां उसकी छोटी साली डेरा डाले बैठी है। आई.ए.एस. की परीक्षा देगी। यहां शांत वातावरण में पढ़ने आई है। उसके रहते तो शकुन को बुलाने की बात भी नहीं सोची जा सकती।

शकुन की अम्मां ठीक ही तो कहती हैं। बेघर हो गये हैं हम तभी तो मारे-मारे फिर रहे हैं। जिसने जहां लुढ़का दिया वहीं चले गये। अपनी कोई इच्छा ही नहीं है।

अपनी देह से ऐसे मजबूर न होते तो कभी पुरखों का घर न छोड़ते। पर बच्चों को दो-चार बार आना पड़ा तो झट बोल उठे—"बाबूजी, इस तरह बार-बार आना तो बहुत मुश्किल है। किराया तो खैर लगता ही है, पर छुट्टी की बड़ी किल्लत हो जाती है। वैसे भी आपका अब अकेले रहना ठीक नहीं। आप हमारे साथ चले चलिये। दोनों घर आपके हैं। जहां मर्जी हो रहिये।"

"घर! कहां है अपना घर?"

शाम को रोज की तरह छुट्टन उनके पास आया। तो बाबूजी ने सीधे ही पूछ लिया—

"बेटे! शकुन को देखने का बड़ा मन हो रहा है। कहो तो 8-10 दिन के लिए बुलवा लूं?"

छुट्टन कुछ देर चुप रहा। फिर धीरे से बोला—"एकाध महीना रुक जाइये न बाबूजी। शीलू तब तक चली जायेगी। वैसे भी मैं एक गेस्टरूम बनवा रहा हूं। पी.डब्लू.डी. से आज ही मंजूरी आ गई है।"

"शकुन के लिए अलग कमरे की क्या जरूरत है रे! यहीं हमारे साथ रह लेगी।"

"यहां जगह कहां है अम्मां! तीसरी चारपाई डालेंगे तो कमरे में हिलना भी मुश्किल हो जायेगा। फिर उसके साथ बच्चे भी हैं।"

"तो नहीं बिछायेंगे चारपाई। तेरे बाबूजी अपनी खटिया पर पड़ रहेंगे। हम मां-बेटी जमीन पर सो लेंगी।"

"नहीं अम्मां, ऐसे अच्छा नहीं लगता।"

"क्या अच्छा नहीं लगता?" उन्होंने पूछा, पर तब तक छुट्टन कमरे से जा चुका था। दफ्तर से लौटकर सीधा उन लोगों के पास आता था। अब उसके

बीवी-बच्चों का भी कुछ हक बनता था।

वे देर तक उसी के बारे में सोचती रहीं। कितना बदल गया है छुट्टन। क्या भूल गया कि कैसे उन दो कमरों में सब गड्डमड्ड होकर सोते थे। मेहमान भी आते थे तो उन्हें भी समा लिया जाता था। कुल दो कमरे तो थे। सबके लिए अलग ठौर कहां जुटती।

उसी खस्ताहाल मकान में, उसी तंगदस्ती में बच्चे पढ़-लिखकर सयाने बने हैं। उनके पढ़ने का नाटक याद करके आज भी हंसी आती है। घर में एक मेज थी जो बाहर के जालीदार बरामदे में पड़ी रहती थी। उसी पर बारी-बारी से सब पढ़ते थे।

घर में एक अलार्म घड़ी थी जो उनके सिरहाने रखी रहती थी। हर दो घंटे बाद अलार्म बजता। कच्ची नींद से जागकर उन्हें याद करना पड़ता कि अब किसी बारी है। बिस्तर में टटोलकर बड़ी मुश्किल से उसे जगाकर बाहर भेजतीं। फिर थोड़ी-सी झपकी ले पातीं कि फिर अलार्म बज उठता।

जब तक बच्चे पढ़ते रहे, वे कभी नींद-भर सो नहीं पाईं।

बहुत कष्ट-भरे दिन थे वे, पर फिर भी जिंदगी में एक स्वाद था। एक सुखद अहसास था कि सबके सब उनके आंचल की छांह में हैं। इस अहसास के सामने सारे कष्ट, सारे अभाव बौने हो जाते थे।

और अब?

अब लगता है कि समय की आंधी ने उनका घोंसला ही बिखेर दिया। एक तिनका भी उनका अपना न रहा।

प्रतिष्ठा

साड़ियों का ढेर जैसे-जैसे ऊंचा होता जा रहा था, कम्मो का दिल बैठा जा रहा था। उन कीमती साड़ियों की चकाचौंध से उसकी आंखें पथरा गई थीं और भैया थे कि उन्हें एक भी साड़ी पसंद नहीं आ रही थी। अम्मां के दिए हुए दो सौ रुपए उसकी मुट्ठी में पसीज रहे थे, पर उन्हें भैया को सौंपने का उसका साहस नहीं हो रहा था।

भैया के उस ओर बैठी भाभी भी शायद इसी संकोच में डूबी हुई थीं। इसीलिए अपनी पसंद-नापसंद का इजहार करने से कतरा रही थीं। अम्मां ने रुपए उन्हीं के सामने तो दिए थे। जब वे लोग चलने लगे तो अम्मां ने एक ओर लेकर उसे हौले से समझा दिया था—"पैसे बच जाएं तो एक धोती तू अपनी भी ले लेना, पर पहले से बोलना नहीं।"

कम्मो ने सोच लिया था कि पैसे बच रहे तो वह अम्मां के लिए भी एक अच्छी-सी साड़ी ले लेगी। पता नहीं कब से वे ही पुरानी चली आ रही हैं। भैया की शादी पर चार-छः साधारण-सी जुड़ गई थीं बस, समधियाने से आई हुई कामदार साड़ियां तो अम्मां ने चाची को ही पकड़ा दी थीं—"अब मुझपे क्या ऐसी धोती अच्छी लगें"—अम्मां कहती रहीं। पर सच तो यह था कि वे चाची को कुछ अच्छा-सा देना चाहती थीं। भैया की शादी की सारी टीमटाम उन्हीं की बदौलत संभव हुई थी। वहीं बारात चढ़ी थी, उसी बंगले में डोला उतरा था। फिर बदले में कुछ तो करना ही था।

घर से चली थी तो लगा था, अम्मां ने उसके हाथ में खजाना रख दिया है। यहां आकर अपनी हैसियत पता चलती है। उसे तो मालूम भी न था कि

दुनिया में इतनी महंगी साड़ियां बिकती हैं। अपनी याददाश्त में उसने सबसे महंगी साड़ी भैया की शादी के लिए खरीदी थी, नब्बे रुपये में। एट होम के दिन पहनी भी थी, पर ऐन वक्त पर चाची ने घुड़क दिया—''ये जापानी जॉर्जेट कहां से उठा लाई बिन्नो। आजकल कोई पहनता भी है।'' और फिर उन्होंने अपनी ही एक भारी चंदेरी निकालकर दी थी। पूरी शादी-भर चाची अम्मां को, दीदी को, कम्मो को साड़ियां पहनाती रहीं और नौकरों-चाकरों के बीच फुसफुसाती भी रहीं—''दुलहन का चढ़ावा तो बाद में जाएगा। पहले तो इन्हीं लोगों का नेग करना पड़ता है।''

उस अपमान की याद से उसे झुरझुरी-सी हो आई। आंखें खोलकर देखा, भैया उसी तरह देख-परख रहे थे। भाभी चुपचाप सिर झुकाए हां-हूं कर रही थीं। अचानक उसे एक काल्पनिक सहेली की याद हो आई—''भैया, आप लोग देखिए, मैं जरा सुकेश से मिल आऊं। टैस्ट का पूछ लूंगी। कल कॉलेज नहीं गई थी न।''

और रूमाल में बंधे मुड़े-तुड़े नोट भैया को पकड़ाकर बाहर चली आई। बाहर आते ही लगा, एक बोझ-सा सिर से उतर गया है। वह कुछ देर तक पड़ोस की दुकान पर रेशम की लच्छियों का मोलभाव करती रही, साड़ियों के फॉल्स देखती रही। 15-20 मिनट बाद दुकान में लौटी तो साड़ी पैक की जा चुकी थी। भैया ने दस रुपए और बिल उसे थमा दिया, 178 की साड़ी, 12 का ब्लाउज पीस। बिल देखा और उसे खुद ही झेंप हो आई। उसे इस तरह फौरन बिल नहीं देखना चाहिए था। भाभी ने क्या सोचा होगा! लेकिन भैया को भी इस तरह बिल और बचे हुए पैसे लौटाने की क्या जरूरत थी!

''अब?'' भाभी ने पूछा।

''अब क्या? घर चलो।'' भैया ने रूखी आवाज में जवाब दिया। तब कम्मो को ध्यान आया कि उनका चेहरा तमतमाया हुआ है। इस तरह अचानक मूड उखड़ने का कारण उसकी समझ में नहीं आया। पहले तय हुआ था कि लौटते समय कॉफी हाउस चलेंगे, इसीलिए शायद भाभी ने पूछा भी था।

वैसे एकाएक प्रोग्राम बदल जाने का कम्मो को दुःख नहीं हुआ। भैया के साथ कॉफी हाउस जाते उसे डर भी लग रहा था। एकाध बार सहेलियों के साथ जरूर गई है वहां, पर तब तो मन पर कोई टेन्शन ही न रहता था। लेकिन भैया के सामने वह छुरी-कांटे से खा भी नहीं सकेगी—न ही हाथ से खाने का

उसे साहस होगा। भाभी के सामने ही झिड़क देते भैया तो और किरकिरी हो जाती।

तांगे में बैठकर सीधे वे लोग घर ही आ गए। भाभी को ये तांगे बहुत भा गए हैं। बस, जब भी बाहर जाएंगी, इन्हीं पर।

तांगे से उतरकर कम्मो तो सीधे घर आ गई। भैया-भाभी सामने शर्माजी के यहां अपने डेरे में चले गए। जब भी कम्मो उन्हें वहां जाते देखती है, मन इतना भारी हो जाता है। भाभी के आने का आनंद ही आधा रह जाता है।

जब पहली बार उसे मालूम हुआ था कि इन लोगों के लिए शर्माजी के गेस्ट-रूम्स लिए जा रहे हैं तो उसे बहुत बुरा लगा था। उसने अम्मां से कहा भी था—"यह क्या करने लग जाती हो अम्मां तुम। पता है, भैया इतने नाराज होंगे।"

"कुछ नाराज नहीं होगा, उसी ने लिखा है"—अम्मां ने धीरे से कहा तो वह सन्न रह गई। भैया की शादी चाचाजी के इलाहाबाद वाले बंगले में हुई थी। वहां न तो वह बंगला अपना-सा था न भाभी। यहां अपने घर में भाभी को निकट से देखने का, पहचानने का, प्यार जताने का सपना था उसका, पर वह भी झन्न से टूट गया।

"जब वहीं रहना था तो शर्माजी को क्यों नहीं लिख दिया—वही इंतजाम कर देते"—उसने भुनभुनाते हुए कहा। अम्मां कुछ नहीं बोलीं, हंसकर रह गईं। इस व्यवस्था से वे खुश थीं या नाराज पता ही नहीं चला।

"बड़ी जल्दी आ गए रे तुम लोग"—अम्मां ने आते ही टोक दिया। दरअसल वे जो पूछना चाहती थीं वह कम्मो ताड़ गई थी। उत्तर देने से बचने के लिए चुपचाप कपड़े बदलने चली गई।

बाहर निकलकर देखा, पीछे वाले दालान में नई साड़ी का पैकेट लिए अम्मां खड़ी हैं और सामने तनी हुई मुद्रा में भैया खड़े हैं।

"उसे पसंद नहीं आई क्या?" साड़ी की मुलायम सतह पर हाथ फेरते हुए अम्मां ने सहमे स्वर में पूछा।

"पसंद आने का सवाल कहां उठता है! मैं तो यह कह रहा हूं, तुम्हें रुपए देने की क्या जरूरत थी। और वह भी उसके सामने। मुझसे कह भर देतीं, मैं..."

"लेकिन बेटा, ये हम अपनी तरफ से दे रहे हैं। तू तो उसे जिंदगी-भर

पहनाएगा, उढ़ाएगा।''

''हां-हां, आपकी तरफ से देना था इसीलिए तो कह रहा हूं। पहली बार घर पर आई है। उसके पीहर वालों ने सोचा होगा, कुछ चीज बनवाकर देंगी। वह न सही, पर कम से कम साड़ी तो ढंग की देनी थी। दो सौ रुपल्ली देकर भेज दिया। जानती हो, उसके घर में पहनने की साड़ियां डेढ़ सौ से कम की नहीं हैं।''

भैया की आवाज क्रमशः ऊंची होती जा रही थी और उसी अनुपात में अम्मां का चेहरा काला पड़ता जा रहा था। कम्मो का मन हुआ कि भैया को झिंझोड़कर पूछे—''रुपए तुम्हारे लिए रुपल्ली में कब से बदल गए?''

''कम्मो बेटे, हमारा सामान लगा देंना''—गुसलखाने से निकलते हुए बाबूजी ने आवाज दी।

''जी बाबूजी''—कम्मो ने कहा और अम्मांजी की तरफ देखने लगी।

''सोमवार है न आज'', अम्मां ने अस्फुट स्वर में कहा तो वह समझ गई। उसने खूंटी से झोला निकाला, उसमें बाबूजी की रेशमी धोती, गरम शॉल तहाकर रखी। फिर रेशमी आवरण में लिपटी पोथियों के ढेर में से 'सोलह सोमवार व्रत कथा' निकाली।

''ये कहां की तैयारी हो रही है?'' भैया ने गुर्राकर पूछा।

''गर्ग साहब के यहां। ताईजी सोलह सोमवार कर रही हैं। अम्मां, आज तो उद्यापन होगा न!''

''हां।'' अम्मां ने संक्षिप्त-सा उत्तर दिया।

दोनों हाथों में सिर थाम लिया भैया ने—''आप लोगों ने क्या मेरी बेइज्जती करने की ठान ही ली है''—वे बिलखकर बोले।

''क्यों, अब क्या हो गया?'' अम्मां ने घबराकर पूछा।

''क्या आज वहां जाना इतना जरूरी है?''

''जरूरी तो है ही बेटा। सोलह सोमवार ये ही जाते रहे। उद्यापन तो इन्हें ही करवाना होगा।''

''सो तो करवाना ही होगा। नहीं तो मेरी नाक कैसे कटेगी?''—भैया ने तिक्त स्वर में कहा।

अम्मां को भी तैश आ गया—''इसमें नाक कटने की कौन-सी बात है? पूजा ही तो करवा रहे हैं। कोई चोरी-चकारी तो नहीं कर रहे।''

"नहीं, नहीं, बहुत अच्छा काम कर रहे हैं। दिन-भर तंबाकू मसलते हुए खुले बदन बैठे रहते हैं सो भी बहुत अच्छा करते हैं। आप धुआंती रसोई में सबको कांसे की थालियों में खाना खिलाती रही हैं, वो भी बड़ी अच्छी बात है। पंद्रह दिन पहले से पत्र लिख दिया था, पर घर में ढंग की चार कप-प्लेट भी न ला सके आप लोग! फिर बार-बार बहू को यहां बुलाने की क्या जरूरत थी?"

"गलती हो गई बेटा"—बाबूजी संध्या-वंदन करके दालान में आ गए थे—"बहुत गलती हो गई बेटा, जो तुम्हें हमने निमंत्रण दिया। दरअसल हमें याद ही नहीं रहता कि तुम अब सिविल सर्जन के दामाद हो। हम तुम्हें अभी अपना मुन्ना ही समझते चले आए हैं जो इसी टूटे-फूटे घर में बड़ा हुआ है। इसी जजमानी के बल पर ही जिसे मैंने..." और दरवाजे की ओर देखकर बाबूजी एकदम चुप हो गए।

सबने मुड़कर देखा, दरवाजे में सिर झुकाए, सहमी-सिकुड़ी भाभी खड़ी थीं। सबको यूं एकाएक अपनी ओर घूरते देख और भी सकुचा गईं। कम्मो के पास आकर धीरे से बोलीं—"दीदी, दीदी, बाहर कोई आए हैं, बाबूजी को पूछ रहे हैं।"

कम्मो दौड़कर बाहर देख आई और बताया कि महेश भाई आए हैं, बाबूजी को लिवा ले जाने के लिए।

अम्मां ने कातर दृष्टि से भैया की ओर देखा—"आपकी मर्जी में आए सो कीजिए।" भैया ने कहा और तीर की तरह बाहर निकल गए।

"कम्मो, महेश से कह दे, त्रिपाठीजी को बुला ले। हमारा जाना नहीं हो सकेगा। साहब बहादुर का ऑर्डर नहीं है।" और बाबूजी आंगन में जाकर खटोले पर लेट गए।

देर होती देख महेश भाई दनदनाते अंदर चले आए—"चाचाजी कहां हैं कम्मो, नहा रहे हैं क्या? जल्दी कर लेते तो ठीक था। दो घंटे पूजा में लग जाएंगे। फिर खाना—रात के बारह बजना तो निश्चित है। और मुसीबत तो ये है कि अम्मां ने आज हम सबको भूखों मार डाला है।"

महेश भाई बोलते-बोलते चुप हो गए और वातावरण का जायजा लेते हुए बोले—"कम्मो! बात क्या है?"

"बात कुछ नहीं है। आप जरा देर बैठिए"—भाभी ने एकाएक आगे बढ़कर कहा तो अम्मां और कम्मो दोनों चौंक पड़ीं। महेश भाई की ओर एक स्टूल सरकाते हुए भाभी पूजाघर की ओर चली गईं। पटरे पर झोला रखा था और आसपास

ढेर-सी चीजें थीं। उन सबको झोले में ठूंसकर कम्मो को दिखाया—"दीदी, ठीक है?"

कम्मो को हंसी आ गई। झोला हाथ में लेकर उसने फालतू चीजें निकालकर यथास्थान रख दीं और कहा—"अब ठीक है।"

"चश्मा रह गया है"—अम्मां ने धीरे से याद दिलाया। फौरन ढूंढ-ढांढकर उसे भी रखा गया।

"अरे वाह, भाभीजी तो एकदम एक्सपर्ट हो गईं"—महेश भाई बोले।

"एक्सपर्ट कहां हुई अभी, अभी तो सीख रही हूं।"—भाभी ने सलज्ज मुस्कान के साथ कहा फिर कम्मो से बोलीं—"बाबूजी से कह दीजिए, सब तैयार है।"

बाबूजी से कहना नहीं पड़ा, आंगन में बैठे-बैठे सब सुन ही रहे थे। उठे और भारी-भारी कदमों से महेश भाई के पीछे चल पड़े। उनका सिर झुका हुआ था और मुद्रा भी खिन्न थी।

जाते हुए महेश भाई फिर एक बार लौटकर भीतर आये—"चाची, आप लोग भी ज्यादा देर न कीजिएगा। मैं अभी मां से एक्सप्रेस पूजा करवाता हूं। बस, आप लोग फटाफट आ जाइए।"

महेश भाई के सामने अम्मां मुस्कराती रहीं, पर उनके जाते ही एकदम उदास हो आईं। वहीं दीवार के सहारे धम्म से बैठ गईं। थोड़ी देर में ये कैसा तो नाटक हो गया था।

"अम्मांजी! क्या हम लोगों को भी जाना है वहां!" भाभी ने पूछा।

"हां बेटा, जाना तो था। बिना जाने-बूझे तुम लोगों का भी निमंत्रण ले बैठी हूं मैं।"—अम्मां ने उसांस भरकर कहा और चुप हो गईं। उन्हें देखकर कम्मो का जी कैसा तो हो आया। आज के भोज का कल तक कितना उछाह था मन में। सोचा था, अपनी सुंदर सुशील एम.ए. पास बहू को लेकर शान से वहां जाएंगी। अब तक तो लोग होनहार बेटे को लेकर ही उनके भाग्य को सराहते थे। अब राम-जानकी का जोड़ा देखेंगे तो बधाइयों का तांता लग जाएगा।

सारी उमंगों पर पानी फिर गया था।

"वहां कौन-सी साड़ी पहनकर चलूं अम्मांजी?"—भाभी पूछने लगीं तो अम्मां ने चकित होकर सिर उठाया।

"पहन लो कोई अच्छी-सी"—उन्होंने अस्फुट स्वर में कहा।

“ये नई वाली पहन लूं?”

अम्मां ने चुपचाप पैकेट हाथ में पकड़ा दिया। वे अनमनी-सी हो रही थीं, कुछ भी अच्छा नहीं लग रहा था।

“सीधा पल्लू लूं या यही ठीक रहेगा?”–भाभी जैसे पीछे पड़ गई थीं।

“देखो बहू!” इस बार अम्मां की आवाज जरा तेज थी–“पहले अपने साहब से पूछ आओ। बाद में हंगामा वो करेगा और पास-पड़ोस में फजीहत हमारी होगी। यह कोई तुम्हारा बंगला नहीं है। घर से घर सटा हुआ है। जरा-जरा-सी बात पर लोग कान–”

पर भाभी के कानों तक जैसे अम्मां की बात पड़ी ही नहीं। कम्मो को खींचती हुई बोलीं–“चलिए दीदी, आज आप हमारी पसंद की साड़ी पहनेंगी”–और उसे घसीटकर ही अपने साथ ले गईं।

शर्माजी के यहां गेस्टरूम में अंधेरा था, दरवाजे खुले हुए थे। भाभी ने अंदर पहुंचकर स्विच दबाया और कमरा रोशनी से नहा उठा। पलंग पर भैया गुमसुम से लेटे थे। दोनों को देखकर उन्होंने दीवार की ओर मुंह फेर लिया।

भाभी ने अपना सूटकेस उठाकर कम्मो के सामने उलट दिया। लगा, जैसे फिर से वह चैताली के शोरूम में पहुंच गई है।

“दीदी, अम्मांजी सोच रही होंगी, कैसी लालची लड़की है। है न?”

“क्यों?”

“एकदम नई साड़ी ही मांग बैठी। पर क्या करूं, नया कपड़ा देखते ही मन फिसल जाता है न!”

कम्मो पूछना चाह रही थी, क्या आपको साड़ी सचमुच पसंद आ गई है? पर अवसर ही न मिला। भाभी भैया का सूटकेस खोलकर उनके कपड़े निकाल रही थीं।

प्रेसबंद पाजामा-कुर्ता उनके सिरहाने रखते हुए भाभी ने उन्हें झकझोरा–“अब उठिए भी, यह कोई सोने का वक्त है!”

“मुझे परेशान मत करो।” भैया गुर्राए।

“नहीं करूंगी, बस आप जल्दी से हाथ-मुंह धोकर तैयार हो जाइए, देर हो रही है।”

“कहां जाना है?”

“वहीं जहां बाबूजी गए हैं।”

"मैं नहीं जाऊंगा, बस बोर मत करो।" और भैया ने चादर मुंह तक ओढ़ने की कोशिश की, पर भाभी ने बीच में ही पकड़ लिया और कहा, "वाह, जाएंगे कैसे नहीं। सोलह सोमवार का निमंत्रण है। इस तरह नकारा जाता है कहीं, पाप लगता है।"

भैया एकदम उठ बैठे—"वाह, तुम तो एकदम अच्छी-खासी पंडिताइन बन गईं यहां आकर। पाप-पुण्य की बात करने लगीं।" उनके स्वर में व्यंग्य था।

"तो पंडिताइन नहीं हूं? क्या मैं कोई अंग्रेज हूं? पंडित के घर पैदा हुई, पंडित के घर ब्याही गई—और क्या कहोगे मुझे?"

फिर एकदम भैया के पास बैठकर नरम स्वर में बोलीं—

"देखो, प्लीज, आज मना मत करना, तुम्हें हमारी कसम है। सोचो तो, आज अगर हम लोग न गए तो चार लोगों के बीच अम्मां-बाबूजी की क्या साख रह जाएगी। अपने घर तो हम अपनी मर्जी से जीते ही हैं। यहां आकर अगर सबका मन न रख सके तो आने का अर्थ ही क्या हुआ?"

कम्मो चुपचाप वहां से खिसक गई। उस अंतरंग वातावरण में अपनी उपस्थिति उसे बड़ी फालतू-सी लग रही थी।

और फिर घर पर अम्मां भी थीं, अकेली उदास। वे क्या यूं ही उदास रहेंगी। खुशी के ये थोड़े से क्षण उनके साथ भी तो बांटने होंगे।

विकल्प

दूर से बैंड की आवाज कान में पड़ते ही बबली ने किताबें परे सरकाईं और लपककर खिड़की पर जा खड़ी हुई। यह तो बाद में याद आया कि इस तरह हाय-तौबा मचाने की जरूरत नहीं थी। अब तो खिड़की पर उसका एकाधिकार है। अब पहले वाली बात नहीं रही कि दोनों दीदी सटकर खड़ी हुई हैं और उन दोनों के बीच में मछली की तरह फिसलकर वह सबसे आगे खड़ी होकर डांट खा रही है।

बारात क्रमशः पास आती गई और ठीक उनकी खिड़की के नीचे आकर रुक गई। लोगों ने अपने आप एक गोला बना लिया और जवान लड़के थिरकने लगे। बैंड वाले झूम-झूमकर 'पल्लो लटके...' की धुन बजाने लगे, औरतें दिल खोलकर न्यौछावर करने लगीं और बैंड मास्टर फुर्ती से नोट बटोरने लगा।

नाच का समां कुछ ऐसा बंधा कि बबली के पांव खुद-ब-खुद थिरकने लगे। उसका मन हुआ कि वह भी दौड़कर नीचे पहुंचे और नाच में शामिल हो जाए, और फिर नाचते-नाचते धीरे से सेहरा उठाकर दूल्हे राजा का चेहरा देख ले। हाय, कैसा लजीला दूल्हा था। सेहरे की लड़ियों से जैसे उस सुदर्शन रूप की आभा छलकी पड़ रही थी। सच, कौन भाग्यशालिनी होगी वह, जिसके दरवाजे यह सजी-धजी बारात जा रही है? यह किसके सपनों का राजकुमार है?

"बबली! ओ बबली—बहरी हो गई है क्या?"

इंद्रधनुषी आसमान में उड़ते हुए जैसे किसी ने धरती पर ला पटका।

"क्या है?" उसने गुर्राकर पूछा।

"घंटे-भर से चिल्ला रही हूं, खिड़की बंद कर। सुनाई नहीं देता?" छोटी

दीदी ने अपनी कटखनी आवाज में कहा। पता नहीं कौन-सी क्रीम चुपड़कर बैठी थीं। चेहरा एकदम वीभत्व लग रहा था। रही-सही कसर आवाज ने पूरी कर दी थी। अब भी उनका भुनभुनाना जारी था। ''पता नहीं कैसा घर है। दिन-भर कांव-कांव लगी रहती है। कोई एक मिनट यहां बैठकर शांति से काम नहीं कर सकता।''

''ऐसा कौन-सा महत्त्वपूर्ण काम कर रही हैं आप?'' उसने खीझकर पूछा। दोनों हाथों पर क्रीम मलती दीदी क्षण-भर को रुक गईं और उसे खा जाने वाली नजरों से देखने लगीं। बबली और भी कुछ कहने को थी पर उसे मौका ही नहीं मिला। तख्त पर लेटे बाबूजी एकदम फट पड़े, ''वहां खड़ी-खड़ी जबान लड़ा रही है, शर्म नहीं आती? उन लफंगों का नाच देखना क्या इतना जरूरी है? चल बैठकर पढ़ाई कर।''

बाबूजी ने उसे ऐसे घुड़क दिया, जैसे वह फर्स्ट ईयर की छात्रा नहीं, छोटी-सी बच्ची हो। बेचारी चुपचाप अपना-सा मुंह लेकर पुस्तकों के पास आकर बैठ गई, पर अब पढ़ाई क्या खाक होती। सारा मूड तो हवा हो चुका था।

ले-देकर घर में एक ही तो खिड़की है जो सड़क पर खुलती है, वहीं से थोड़ी रौनक देख लेती है तो लोगों से उसका यह जरा-सा सुख भी नहीं देखा जाता। बस, जब-तब झिड़क देते हैं।

खिड़की बंद हो गई थी, पर बाजे की मधुर ध्वनि अब भी पल्लों से छनकर आ रही थी। पर अब बबली के पांव उस सुर-ताल पर थिरकना भूल गए थे। आतिशबाजी की सतरंगी किरणें रोशनदान से झांक रही थीं। उन्हें देख-देखकर उसका मन सुलग रहा था। फिर धीरे-धीरे वह संगीत, वह शोर, वह हंगामा दूर होता चला गया और घर एक सन्नाटे में डूब गया। बबली को लगा जैसे घर अरसे से इसी तरह एक मनहूस चुप्पी ओढ़े पड़ा है।

उसका रुआंसा चेहरा अम्मां से नहीं देखा गया। कसैले स्वर में बोलीं—''क्यों झिड़क दिया बेचारी को। खिड़की पर खड़ी थी तो किसी का क्या ले रही थी। बारात ही तो देख रही थी। इस दरवाजे तो पता नहीं कभी कोई बारात आएगी भी कि नहीं। उसे दूसरों की खुशी से ही मन बहलाने दिया होता।''

बबली डर गई कि अब एक महाभारत हो के रहेगा, पर बाबूजी शायद बहुत थके हुए थे या फिर उनके सारे जवाब चुक गए थे, तभी तो अम्मां की इतनी कड़वी बात को चुपचाप पी गए। उन्होंने एक तरह से विषय ही बदल

दिया। बोले, "ये बबलू दिखाई नहीं दे रहा है।"

"ट्यूशन पढ़ने गया है।"

झूठ! एकदम झूठ। बबली का मन हुआ कि चीखकर अम्मां के इस झूठ का पर्दाफाश कर दे। कह दे कि बबलू पिक्चर गया है और अम्मां इसे जानती हैं। वह तो पड़ोस में जरा-सा टी.वी. देखने चली जाती है तो घर में तूफान आ जाता है, मगर बबलू महीने में चार-पांच पिक्चर देख ही डालता है। अम्मां खुद उसे पैसे देती हैं।

पर उसने कुछ नहीं कहा। जानती है कि इस घर में बबलू के तो सौ खून माफ हैं–क्योंकि वह लड़का है। कटघरे में तो उसे ही खड़ा होना है हमेशा–क्योंकि वह लड़की है, तीसरी लड़की। अनचाहे मेहमान की तरह उसे हमेशा ही उपेक्षा सहनी है, अवहेलना झेलनी है।

मां-बाप ने तो चाहा था एक और लड़का पर साथ लगी वह भी चली आई। इस अपराध को कभी माफ नहीं किया गया। साथ-साथ जन्म लेने के बावजूद उसे बबलू के बराबर दर्जा कभी नहीं मिल सका। बचपन से ही देखती आ रही है कि मलाई बबूल के दूध में पड़ती, घी उसकी रोटी में लगता, नए कपड़े, खिलौने उसके लिए आते। बबली तो बस उतरन-पुतरन पर पल गई। बबलू का महंगे स्कूल में एडमीशन कराया गया, उसके लिए ट्यूटर लगाए गए। बबली सरकारी स्कूल में पढ़ती रही। उसके पास होने पर कभी मिठाई नहीं बंटी। अलबत्ता फेल होने पर डांट जरूर पड़ती, और तो और, घर में कोई मेहमान भी आते तो बबलू को ही नोट थमाकर जाते। घर में जन्मदिन भी उसी का मनता। वह टुकुर-टुकुर सारी रौनक देखती रहती।

अब तो खैर आदत हो गई है उसे, पर बचपन में बड़ा ताव आ जाता। वह बात-बात पर मुंह फुलाकर बैठ जाती, पर कोई उसे मनाता नहीं। दादी उलटा झिड़क देतीं, "ये तेवर अपने घर जाकर दिखाना महारानी। तुम तो खा-पीकर अपने घर चली जाओगी। साथ में ढेर सारा समेटकर ले जाओगी। हमें कमाकर तो यही खिलाएगा न, बुढ़ापे की लाठी यही तो बनेगा।"

"बुढ़ापे की लाठी! हूं।" बबली बुदबुदाई, "एक वे बड़े भैया हैं तो। शादी के 6 महीने बाद ही अलग चूल्हा लेकर बैठ गए। एक ही शहर में रहते हैं पर अम्मां महीनों बेटे की शक्ल देखने के लिए तरस जाती हैं।"

वे बेचारे तो शादी के लिए मना ही कर रहे थे। उन्होंने बार-बार कहा

कि कम से कम उमा की तो हो जाने दीजिए, पर बाबूजी ही जिद पर अड़ गए। 10 हजार नकद और बहू की बैंक वाली नौकरी—उनके मुंह में पानी आना स्वाभाविक ही था। सोचा होगा एक बार कमाऊ लड़की घर में आ जाए फिर तो पलक झपकते उमा-रमा दोनों निपट जाएंगी।

पर हाय, उनका सोचा कुछ भी नहीं हुआ। कमाऊ बहू कोई मोम की गुड़िया नहीं थी। नफा-नुकसान खूब समझती थी। पहली होली पर जो पीहर गई तो फिर लौटी ही नहीं। साफ कहलवा दिया कि तीन-तीन ननदों की शादी करते-करते तो हम बुढ़ा जाएंगे, फिर अपनी जिंदगी कब जिएंगे।

बहू की कमाई का भ्रमजाल तो टूटा ही—लड़का भी हाथ से जाता रहा। उसकी शादी पर जो कर्ज उठाया था उसकी किस्तें भरते-भरते बाबूजी बूढ़े हो गए। भैया तो जैसे उस खर्च से अनजान ही बने रहे। अपनी गृहस्थी में ऐसे डूब गए हैं कि महीनों घर का रुख नहीं करते। आते भी हैं तो भाभी से छुपकर। कुछ देना चाहते भी हैं तो दे नहीं पाते। बीवी को पाई-पाई का हिसाब देना पड़ता है। राखी-भाईदूज पर भाभी साथ में आती हैं। दस-पांच रुपए बहनों को पकड़ाते हुए भैया का चेहरा अत्यंत दयनीय हो जाता है, पर भाभी के तेवर ऐसे होते हैं मानो ननदों पर दुनिया-भर की दौलत लुटाई जा रही हो। बबली का मन होता है कि वे रुपए उन्हीं के मुंह पर फेंक मारे—कह दे कि हमारी तरफ से बच्चों को मिठाई खिला देना, पर भैया की ओर देखकर चुप रह जाना पड़ता है।

''बबली'' अम्मां ने थके स्वर में पुकारा, ''भीतर जाकर देखो तो, उमा को अभी कितनी देर लगेगी। मेरी तो आंखें झपकी जा रही हैं।''

अरे! बबली को याद ही नहीं रहा। अम्मां तो सच में अब तक भूखी बैठी होंगी। बड़ी दीदी का आज प्रदोष है ना। शिव चालीसा का पाठ किए बिना वे खाएंगी नहीं और बच्चे भूखे हों तो अम्मां के गले से भी कौर नहीं उतरता।

रसोई में आकर देखा, एक कोने में स्थापित ठाकुरजी के सामने दीदी ध्यानस्थ बैठी हैं। उनके होंठ निःशब्द हिल रहे हैं। दाहिना हाथ पल्ले से ढका है और लगातार हिल रहा है। सच तो, दीदी जाप कर रही हैं। इन दिनों यह एक नया कार्यक्रम शुरू हो गया है। मंदसौर वाली मामीजी पता नहीं कौन-सा मंत्र बता गई हैं। कह रही थीं, सवा लाख का जाप पूरा होते न होते दरवाजे पर शहनाई बज उठेगी।

दीदी तब से उसी मंत्र के पीछे पड़ गई हैं। सुबह समय नहीं मिलता तो शाम को माला लेकर बैठ जाती हैं। शादी के नाम पर तो इनसे कोई कुछ भी करा ले। सोलह शुक्रवार हो गए, ग्यारह बुधवार कर डाले, सोमवार का व्रत तो पता नहीं कब से रख रही हैं। फिर किसी ने प्रदोष व्रत भी सिर मढ़ दिया और अब यह मंत्रजाप का नया चक्कर चला है।

खीझ उठी बबली। वहां बेचारी अम्मां भूखी-प्यासी बैठी हैं और इन्हें अपनी शादी की पड़ी है।

"दीदी, जल्दी कीजिए। अम्मां भूखी हैं।" उसने बेजारी से कहा।

दीदी ने इशारे से उसे पांच मिनट रुकने का इशारा किया। दीदी का यह अंदाज उसे अपनी दादी की याद दिया गया और उसे हंसी आ गई। कैसी विडंबना है। 28 साल की दीदी को देखकर उसे अड़सठ वर्ष की स्वर्गीय दादी की याद आ रही है, पर कौन कहेगा कि दीदी मात्र 28 की हैं। निरंतर उपवासों ने देह को सुखा दिया है, चेहरे की रौनक छीन ली है। अब उन्हें न पहनने का शौक रहा है, न संवरने का। भैया हजार बार कह चुके हैं कि "ऐसी मीराबाई बनकर रहती है तभी तो कहीं बात नहीं बनती। आजकल के लड़के तो मॉड लड़कियां पसंद करते हैं। शक्ल-सूरत चाहे कैसी हो पर रहन-सहन ढंग का होना चाहिए।"

बड़े भैया बेचारे ठीक ही कहते हैं, पर जब से उन्होंने अलग घर बसाने का घोर पातक किया है—कोई उनकी बातों पर कान नहीं देता।

यही दीदी कॉलेज के जमाने में कितनी स्मार्ट हुआ करती थीं। पहनने-ओढ़ने की बहुत सुविधा तो तब भी नहीं थी, पर जो भी था उसे बड़े सलीके से पहनती थीं। पास-पड़ोस की माताएं उनका उदाहरण दिया करती थीं। दीदी सिर्फ स्मार्ट ही नहीं बुद्धिमान भी थीं। जिन परिस्थितियों में बड़े भैया रोते-झींकते बी.काम. हो पाए, दीदी डबल एम.ए. कर गईं, फिर बी.एड. भी कर लिया। शादी की प्रतीक्षा में पढ़ती चली गईं। फिर उस लायक वर नहीं मिला तो नौकरी में लग गईं। अब पिछले 6 सालों से अपने दहेज की रकम जमा कर रही हैं, पर हर साल उनकी उम्र और दूल्हों के भाव दोगुने अनुपात में बढ़ते जा रहे हैं।

बड़ी दीदी की त्रासदी देखकर छोटी दीदी ने अक्ल से काम लिया और बी.ए. के बाद ही पढ़ाई से हाय-हाय कर ली। उस समय उनके लिए कुछ अच्छे रिश्ते जुटते भी रहे, पर बड़ी बहन के रहते उन्हें कैसे ब्याह देते। बस, तब

से उनकी शादी की योजना दूसरे नंबर पर ही चल रही है। परिणामस्वरूप दीदी बेहद चिड़चिड़ी हो गई हैं। अपनी उम्र उन्हें हाथों से फिसलती नजर आती है और वे अधीर हो उठती हैं। अपना सारा आक्रोश वे अपने आस-पास वालों पर उंडेलती रहती हैं। उनके इस स्वभाव ने उनकी सारी लालिमा, सारा माधुर्य सोख लिया है। महंगी से महंगी क्रीम भी अब चेहरे की वह ताज़गी नहीं लौटा सकती।

इन दोनों को देखती है तो बबली का दिल डूबने लगता है। उसे उन दोनों में अपना भविष्य नजर आने लगता है। वह इस साल फर्स्ट ईयर की परीक्षा दे रही है। दो साल में बी.एस-सी. कर लेगी, बहुत जोर मारेगी तो एम.एस-सी. कर लेगी, पर कभी तो कॉलेज का खुशगवार माहौल छोड़ना ही पड़ेगा। कभी तो जिंदगी की सच्चाई का सामना करना पड़ेगा।

तब?

लोग-बाग तो शायद उसे जिंदगी-भर बबली ही समझते रहेंगे। उन्हें कौन जाकर समझाएगा कि वह भी अब सपने देखने लगी है—उन सपनों में अनजाने देश का कोई राजकुमार आकर उसे तंग करने लगा है। यह कौन जानेगा कि किसी की बारात देखते ही उसके मन के आंगन में शहनाई बज उठती है। वह किसे बताए कि पुरुष-स्पर्श की कल्पना मात्र से ही उसकी पुलक-पल्लवित देह वीणा की तरह झनझना उठती है।

यह सब वह किससे जाकर कहे! कौन समझेगा! सबके मन तो बड़ी दीदी की चिंता से लबालब भरे हुए हैं, उनसे उबरने के बाद मंझली दीदी का नंबर आएगा।

तब तक बबली क्या करे!

बड़ी दीदी की तरह संन्यासिनी बनकर वर की प्रतीक्षा करे या छोटी दीदी की तरह उम्र को बांध रखने के प्रयास में बुढ़ाती चली जाए?

तीसरा कोई विकल्प भी तो नहीं है।

उधार की हंसी

जैसे ही स्टोर से बाहर निकली, उसका मन बैठने-सा लगा। वैसे उदास होने का कोई कारण तो नहीं था—खरीदारी मन के लायक हो गयी थी। उसके थैले में खूबसूरत शर्ट-पीस था। वह लाला की दुकान में ही मिल गया था। नवीन पर रंग कितना खिलेगा, यह सोच-सोचकर ही वह पुलकित हो गयी थी। पर कपड़ों की उस रंग-बिरंगी मायानगरी से बाहर निकलते ही यथार्थ उसके सामने मुंह चिढ़ाता-सा खड़ा हो गया।

इस कपड़े को लेकर उसे किन-किन तूफानों से गुजरना होगा, इसका अहसास होते ही वह पछतावे में डूब गयी। सच, इतना ताव नहीं खाना चाहिए था उसे। कहा-सुनी तो घरों में होती ही रहती है।

इस बार फिर जन्मदिन को लेकर चख-चख हो गयी थी। धूमधाम से उत्सव मनाना तो कब से छूट गया था, फिर भी उन लोगों ने नियम-सा बना लिया था कि तीज-त्योहार चाहे छूट जायें, पर बच्चों को वर्षगांठ पर जरूर एक जोड़े कपड़े बनवाकर देंगे। उसी बहाने कुछ बन जाता है।

सुबह खाना लगाते हुए उसने दबी जबान से पति से कहा था, "सुनो, अब नवीन बड़ा हो गया है, कॉलेज जाने लगा है। बराबरी वाले चार लड़कों के बीच उठता-बैठता है। इस बार उसे अपनी मरजी का कपड़ा खरीदने दो। उसकी और हमारी पसंद अब मेल नहीं खाती।"

वे अच्छी तरह समझ गये थे कि रमा के मुंह से यह कौन बोल रहा है, इसलिए कुढ़कर बोले, "उसकी पसंद ही देखूंगा मैं या अपनी जेब भी देखूं।" फिर नवीन को आवाज देकर बोले, "शाम को तैयार रहना। दफ्तर से लौटने

के बाद चले चलेंगे।''

नवीन थोड़ी देर तक असमंजस की मुद्रा में खड़ा रहा, फिर घुटी-घुटी-सी आवाज में बोला, ''लाला की दुकान पर अच्छा स्टॉक नहीं है।''

''लेकिन बेटे, उधारी तो वहीं चलती है।''

नवीन इस बात पर मुंह लटकाकर बाहर चला गया तो वे भड़क उठे, ''देखो, अपने राजकुमार को समझा लो। या तो कॉलेज की पढ़ाई कर ले या कपड़े पहन ले। गरीब आदमी हूं मैं। ये दोनों काम मेरे बस के नहीं हैं।''

बात वहीं समाप्त हो जाती, तब भी गनीमत थी, पर पिता के जाते ही नवीन लौट आया था और बकने लगा था। पता नहीं, कितने दिनों का संचित आक्रोश उसकी बातों में फूट निकला था। कुछ देर तक तो वह सब्र किये रही, पर जब सुन-सुनकर कान पक गये, तो उसने धीरे से कहा, ''जिद नहीं करते बेटा! इस समय सिर्फ पढ़ाई पर ध्यान देते हैं। पहनने-ओढ़ने के लिए तो जिंदगी पड़ी है...पड़ोस के राजू को देखो, उसका तो कोई शौक कभी पूरा नहीं हो पाता, फिर भी पढ़ रहा है न! अगले साल डिप्लोमा ले लेगा।''

नवीन जैसे एकदम फट पड़ा, ''बार-बार उसकी तुलना क्यों करती हैं मुझसे। क्या मैं भी उसकी तरह उतरन-पुतरन पहन लूं? बाप नहीं होते...''

''पप्पू!'' वह चीखी और फिर सहम गयी। क्या करने जा रही थी वह। इतने बड़े लड़के पर हाथ उठा रही थी। पर उसने भी तो कितनी भयानक बात कही थी। याद करके अब भी रोंगटे खड़े हो गये थे।

वह खुद भी शायद बहुत शर्मिंदा था। जरा-सा मुंह जुठारकर बाहर निकल गया था। उसके जाते ही रमा का रोष ममता में बदल गया था। सच तो है, पिता का साया सिर पर होते हुए भी बच्चे जरा-जरा-सी बात के लिए तरस जायें, यह अच्छा लगता है क्या। आज वह उसके लिए खुद कपड़ा लेकर आयेगी। बाद में चाहे उसे सौ बातें सुननी पड़ें।

हमेशा की तरह लाला ने खीसें निपोरकर स्वागत किया। कुशल-क्षेम पूछी और कपड़ों के थान खोलने शुरू कर दिये। साथ ही मशीनी अंदाज में हरेक की गुणवत्ता पर कॉमेंटरी भी।

वे ही पुराने रंग, बासी डिजाइन! बीसियों बार देख चुकी है वह। पप्पू ठीक ही तो कहता है। लाला के पास ढंग का स्टॉक ही नहीं है।

''लालाजी'', बमुश्किल तमाम उन्हें बीच में रोककर उसने पूछा, ''इससे

अच्छे में का नहीं है, मेरा मतलब है, टेरीकॉट, पोलियेस्टर...जाने क्या-क्या तो नाम हैं!''

''वैरायटी तो अपने यहां हर किस्म की मिलेगी बहनजी, पर जरा ऊंचे में मिलेगी। दिखाऊं?''

''दिखाइए तो! बच्चे के लिए चाहिए। अपना पप्पू अब कॉलेज में पहुंच गया है न!'' उसने सूचना दी। वात्सल्य के आवेग में उसे यह भी याद नहीं रहा कि नवीन को 'पप्पू' नाम बिल्कुल पसंद नहीं है और घर में तो यह शब्द वर्जित ही हो चुका है।

अपनी भारी-भरकम काया को समेटते हुए लालाजी उठे और कुछ बंडल निकाल लाये। बड़े घाघ होते हैं ये लोग, उसने सोचा, ऊपर से सौजन्य बिखेरते रहेंगे, पर ग्राहक की औकात का खूब अंदाजा होता है इन्हें। उतनी ही मेहनत करेंगे। उधारी वालों को तो पता नहीं क्या समझते हैं!

उसके सामने फिर कपड़ों का अंबार लग गया था। 25 रुपये मीटर से सब शुरू हो रहे थे। उसने किसी तरह मन पक्का किया, हलके नीले रंग पर गहरे नीले रंग के फूलों का एक डिजाइन पसंद किया और खाते में नब्बे रुपये लिखवाकर उठ आयी।

खुश हो जायेगा लड़का। किसी अच्छे दर्जी के यहां ही सिलवायेगी इसे। हमेशा वाला दर्जी तो इसका सत्यानाश कर देगा। सिलाई कम लेता है तो क्या, काम भी तो उसी गत का करता है। बच्चा एक बार पहनकर खुश हो लेगा, तभी उसके पिताजी के कान में बात डालेगी। जानती है, बहुत नाराज होंगे, पर इससे क्या? बच्चे का मन तो रह जायेगा।

स्टॉप पर आकर देखा, बस एकदम तैयार खड़ी थी। उसने चैन की सांस ली और चढ़ गई। रोज की तरह ही वह ठसाठस भरी थी और उतनी सरदी में भी उसे पसीना छूट गया था। कंडक्टर का कहीं पता न था। लोगों की बातों से मालूम हुआ कि ड्राइवर भी सीट पर नहीं है। इंजन घरघराता छोड़कर उतर गया है। भीड़ इतनी थी कि खुद उसे कुछ भी नजर नहीं आ रहा था।

सवारियों में अधिकतर लड़के ही थे, जो शायद कॉलेज से लौट रहे थे। इन कॉलेजों की भी अजीब माया है। जब देखो, तब छुट्टी हो जाती है। पप्पू हर दिन घर लौटकर बताता है—आज जी.टी. हो गयी। गुड़िया बेचारी कई दिन तक यही समझती रही कि अंग्रेजी में छुट्टी को जी.टी. बोलते हैं। और झूठ क्यों

बोले, वह खुद भी तो बहुत अरसे तक ऐसा ही कुछ सोचती रही थी। उसने एक बार पूछा भी था, "क्यों रे, ये जो रोज-रोज तुम्हारी जी.टी. हो जाती है, तो पढ़ाई कब होती है?"

"पढ़ाई कोई कॉलेज में थोड़ी होती है। सब ट्यूशन से पढ़ते हैं।"

"तुम भी सोच लो बेटे कुछ। नहीं तो साल बरबाद हो जायेगा।" उसने मन-ही-मन बजट को तौलते हुए कहा। ग्यारहवीं के लिए आखिरी तीन महीने ट्यूशन लगवाया था, तब घर डांवाडोल हो गया था।

"अपन क्या पढ़ेंगे मां।" नवीन ने सारी दुविधा समाप्त करते हुए कहा था, "जानती हो, एक विषय के सौ रुपये लगते हैं।"

"सौ!" उसकी आंखें फटी-की-फटी रह गयीं।

"सौ तो सिर्फ पढ़ाने-भर के होते हैं", नवीन ने मां पर तरस खाते हुए कहा, "दो सौ दें, तो पेपर आउट हो जाता है। ढाई सौ वाले तो पास कराने का जिम्मा भी ले लेते हैं।"

"यानी कि एकदम सौदेबाजो है!" उसने अस्फुट स्वर में कहा और चुप हो गयी। यहां तो कॉलेज की फीस ही भारी पड़ती है। लोग ट्यूशन कैसे लगवाते होंगे। और न लगवायें, तो बेचारे करें क्या! बच्चों का भविष्य भी तो देखना होता है।

भड़-भड़-भड़! लड़के बेसब्री में बस को बुरी तरह पीट रहे थे। वे एक सिरे से दूसरे सिरे तक छाये हुए थे और वहीं से ऊंची आवाज में बातें कर रहे थे। बातें क्या, बस फिकरेबाजी हो रही थी। उनकी लपेट में नेता, अभिनेता, लड़कियां, प्रोफेसर्स सभी आ रहे थे। दूसरी सवारियां असहाय मुद्रा में इस लफ्फाजी को झेल रही थीं, ऊब रही थीं, कुढ़ रही थीं।

"क्लास में तो बच्चू के गले से आवाज नहीं निकलती। घर पर देखो, कैसे पटर-पटर बोलता है।" एक आवाज उभरी।

"घर पर भी नहीं बोलेगा, तो तुम गदरन नहीं मरोड़ दोगे उसकी! गिनकर रखवा लेता है हर महीने, उसका भी लिहाज नहीं करेगा क्या।"

यह आवाज उसे जानी-पहचानी-सी लगी। उसने पंजों के बल उझककर देखा। उसका अंदाज ठीक ही था। वह पड़ोस की मिसरानी काकी का राजू ही था। सभापति की-सी शान से बोनट पर बैठा हुआ था। उसका सतरंगा स्वेटर

अलग से ही चमक रहा था। राजू की शक्ल न भी दिखाई देती, तो भी वह उसे पहचान लेती। ऐसा स्वेटर हर कोई नहीं पहन सकता। वह कोई देसी स्वेटर थोड़े ही है, ठेठ इंग्लैंड से आया है। उसे डर हुआ, राजू ने कहीं उसे देख न लिया हो। यहां नहीं भी देखा हो, तो स्टॉप पर उतरते समय तो भेंट हो ही जायेगी। बेचारा लड़का संकोच में डूब जायेगा। यहां अपने हमउम्र दोस्तों के साथ हंस-बोल रहा है। कुछ उलटा-सीधा मुंह से निकल ही जाता है। वह सामने पड़ जायेगी, तो पानी-पानी हो जायेगा।

कंडक्टर दरवाजे में खड़े होकर सीटी बजाने को ही था कि वह भीड़ में से रास्ता बनाती हुई उतर गयी।

"क्यों?" उसने पूछा।

"कुछ नहीं। बहुत भीड़ है। अगली बस से आ जायेंगे।"

कंडक्टर ने एक कुटिल मुसकान के साथ उसे टैक्सी करने की सलाह दी और जोर से सीटी मार दी। बस मंथर गति से चल पड़ी और रमा उसे ललचाई दृष्टि से देखती रही।

दूसरी बस अब पता नहीं कब आयेगी! उसने थके मन से कहा और वहीं पत्थर की बेंच पर बैठकर सुस्ताने लगी। बस की हड़बौंग के बाद सड़क का यह शोर कितना शांत लग रहा था। वहां तो मरे कान फोड़ डाल रहे थे, उसने सोचा। एक बार फिर उसकी आंखों में राजू का चेहरा घूम गया। घर पर कैसा घुन्ना-सा बना रहता है और अभी कैसे छतफाड़ ठहाके लगा रहा था। और स्मार्ट भी कितना लग रहा था। लोग झूठ थोड़े ही कहते हैं—एक नूर आदमी, दस नूर कपड़ा। आजकल तो कपड़े से ही पर्सनेलिटी बनती है। उसने कल्पना में नवीन को वह प्यारी-सी शर्ट पहनाकर देखी और निहाल हो गयी।

अगले साल सर्दियों में थोड़ा हाथ खुला रहा, तो वह भी नवीन के लिए इसी तरह का स्वेटर बुन देगी। कोई बहुत मुश्किल थोड़े ही है। बस, रंगों की जमावट-भर ठीक होनी चाहिए। स्वेटर सचमुच बहुत शानदार था। परसों ही राजू पहली बार पहनकर निकला, तो उससे रहा नहीं गया था। लपककर पूछ ही लिया, "बहुत प्यारा स्वेटर है राजू, किसने बनाया? या रेडीमेड है!"

राजू ने जैसे सुना ही नहीं और वह चुपचाप चला गया था। काकी ने ही उदास स्वर में बताया, "क्या बताऊं दुल्हन, साल-भर से पेटी में पड़ा है...पहनता ही नहीं था। आज पता नहीं कैसे मन हो आया।"

"क्यों?"

"कहता है, किसी की उतरन नहीं पहनूंगा।"

"बंगले से मिला है?"

"और क्या! बहूजी के छोटे भाई विलैत में हैं न! पारसाल वे आये थे, तो छोड़ गये थे। बहूजी ने ही कहा था कि राजू के लिए कुछ दे जाओ, तो वे दे गये थे।"

"बहुत खयाल रखती हैं वे।"

"अरे, उन्हीं के आसरे तो पल रहे हैं हम लोग। ये जो इतना बड़ा हो गया है, तो उन्हीं की जूठन खाकर हुआ है। पर पता नहीं क्यों, सब भूल जाता है और ऊटपटांग बोलने लगता है। वो कुछ भी कहता रहे, मैं तो उनके एहसान भूल नहीं सकती। तुम्हीं बताओ, ये जो आज पढ़ रहा है, तो क्या मेरी बिसात थी। मेरे लिए तो वे दोनों भगवान हैं।" और काकी ने सचमुच हाथ जोड़ लिये।

वे ठीक कह रही थीं। यह सचमुच मोहिते साहब का ही प्रताप था कि राजू पढ़ रहा था। काकी ने तो ग्यारहवीं के बाद ही हाथ टेक दिये थे। लेकिन उन्होंने ही जिद की। बोले, "बच्चे ने रात-दिन मेहनत की है। इतनी अच्छी डिवीजन लाया है तो क्या घर में बैठने के लिए?" उन्होंने ही दौड़-धूप करके उसे पोलिटैक्निक में प्रवेश दिलवाया था। पढ़ाई का सारा खर्च एक तरह से वे ही उठा रहे थे। अपने करने का उन्हें कुछ गुमान हो कि न हो, पर काकी तो बिना मोल बिक गयी थीं। उपकारों का यह सिलसिला बहुत पुराना था। राजू के पिता की मृत्यु के साथ ही शुरू हुआ था। उस समय मोहिते साहब के भी बच्चे छोटे-छोटे थे। उनकी पत्नी को भी एक सहारे की जरूरत थी। एक बार छुट्टी से लौटते हुए वे गांव से काकी को ले आये और बंगले से लगे सर्वेन्ट क्वार्टर में टिका दिया। नौकरी करने ही आयी थीं काकी, पर उस घर में उन्हें हमेशा बड़े-बूढ़े का सम्मान ही प्राप्त हुआ।

राजू पर तो वे विशेष कृपावान थे। उसकी मेधावी बुद्धि को लक्ष्य कर उन्होंने पढ़ने के लिए प्रोत्साहन दिया। उनके घर का बरामदा स्टडीरूम बन गया था। वहां मेज-कुर्सी, टेबल लैंप, हर चीज की व्यवस्था थी। जब मन होता, वह वहां जाकर बैठ जाता। पर पता नहीं क्यों, इधर एक-दो वर्षों से राजू बंगले से कतराने लगा है। उसको मां का वहां काम करना भी खलने लगा है, पर मजबूरी है। ये जो दो कमरों का मकान है, इसी नौकरी की बदौलत तो है। जेठ-देवरों

की कृपा से साल-भर में जो गांव से आ जाता है, उसी के सहारे तो नहीं रहा जा सकता। एक ट्यूशन भी करता है राजू, पर उससे क्या होता है।

फिर भी जब-तब वह अपना क्षोभ प्रकट किया करता है। उम्र के बढ़ने के साथ उसमें नया बोध जागा है। क्या कहेंगे इसे! स्वाभिमान या कोरा दंभ! अभी उसी दिन की तो बात है। बंगले पर कोई समारोह था। काकी पूरा दिन वहीं रह गयी थीं, हमेशा की तरह राजू के लिए पूरी थाली लगकर आ गयी थी। उस थाली पर दिन-भर मक्खियां भिनभिनाती रहीं और राजू खिचड़ी खाकर चला गया था।

बहुत रोयी थीं काकी उस दिन, ''अन्न का श्राप बहुत बुरा होता है दुल्हन। कब इस लड़के को अक्ल आयेगी।'' उन्होंने बिसूरते हुए कहा था।

सच तो है। अपने ही रक्त-मांस से पले ये बच्चे एकदम कैसे अजनबी बन जाते हैं। नवीन को ही देखो, कितना बदल गया है! बाहर की चकाचौंध दुनिया में घूमकर आता है तो घर की हर चीज उसे बेढंगी लगने लगती है। परसी हुई थाली को देखकर रोज मुंह बना लेगा। वह हताश हो जाती है। सारे किये-कराये पर पानी फिर जाता है। अब अपने लाड़ले के लिए वह रोज पूरी-पकवान कहां से लाये! नल से एक बाल्टी पानी लाना पड़े तो उसका मुंह फूल जाता है। आटा पिसाना तो उसने जैसे छोड़ ही दिया है। गुड़िया ही बेचारी झोले में 5-5 किलो पिसा लाती है। पर 10-12 साल की लड़की को बार-बार चक्की पर भेजना भी तो अच्छा नहीं लगता। एकाध दिन फिर उसके पिता से ही कहलवाना पड़ता है। काम तो कर देता है, पर उस समय उसका चेहरा देखने लायक होता है। और तो और, उसे अपने घर से भी चिढ़ होने लगी है। छोटा तो खैर है ही, पर उसके साथ ये सर्वेन्ट क्वार्टर क्यों जुड़ा है। दोस्तों को बताने में भी शर्म आती है।

अब रमा उसे कैसे बताये कि इस महानगर में सिर छुपाने की ये जगह मिल गयी है, यही गनीमत है। 7-8 साल से रहते हैं वे लोग। काकी का भला-सा पड़ोस है। फिर भी निश्चिंत कहां हो पाते हैं! गरमियों में जब भी तबादलों का दौर शुरू होता है, उनका दिल डूबने लगता है। कहीं कपूर साहब का ट्रांसफर हो गया तो! 150 रुपए माहवार में अब इतना बड़ा घर कहां मिलेगा! कमरे दो ही हैं, तो क्या हुआ, आरापारा खुली जगह कितनी है!

'पींऽऽऽ!' दूर से आती हुई बस ने उसका ध्यान आकृष्ट किया और वह

पर्स, झोला संभालती उठ खड़ी हुई। बस यह भी भरी हुई आयी थी, पर काफी लोग उतर गये थे, इसलिए उसे बैठने की भी जगह मिल गयी थी। अपनी सीट पर इत्मीनान से बैठने के बाद उसने इधर-उधर देखा। इसमें भी लड़के ठुंसे हुए थे। उनमें से अधिकांश खड़े हुए थे और अपने बेलौंस अंदाज में हंस रहे थे, आवाजें कस रहे थे। कई बार सिगरेट के धुएं का भभका उसके नथुनों से टकराया, पर उसे गुस्सा नहीं आया।

पता नहीं क्यों, उसे लगा कि यह हंसी एकदम खोखली है, ये फक्कड़पन, अक्खड़ अंदाज भीतर के खालीपन को भरने का बहाना-भर है। वह बैठे-बैठे सबका निरीक्षण करती रही। कल्पना की आंखों से उनका जीवन पढ़ती रही—ये नीली पैंट वाला जरूर बॉलपेन के लिए बहन से झगड़कर आया है। धारीदार कमीज वाले को जाते ही केरोसिन की लाइन में लगना है। तभी तो मुंह बना रहा है। सफेद स्वेटर वाला जानता है कि गैस खत्म हो गयी है। अब दो-तीन दिन सिर्फ दाल-भात पर गुजर करनी होगी और ये कोट तो मुन्ना, बड़े भाई का लग रहा है। और तुम्हारी ये पैंट! दीदी छुपकर दे गयी थीं न! जीजाजी की है, उलटवाकर बनवायी है और श्रीमानजी, आज सुबह पापा से झड़प हो गयी थी न! फीस के पैसे ही तो मांग रहे थे तुम! पर पापा लोगों को भी ताव जल्दी आ जाता है...जरा इनसे सीखो, पीले पुलोवर वाले से कि मम्मी से सिनेमा के पैसे कैसे झटके जाते हैं! कैसे मस्का लगाया जाता है!

"मरे यूं ही दांत काढ़े जा रहे हैं।"

उसने चौंककर देखा। उसके पास बैठी महिला इस वानर सेना को घूर रही थी और भुनभुना रही थी।

"हंसने दो बहन", उसने मृदुता से कहा, "अपना क्या लेते हैं। वक्त का यही छोटा-सा हिस्सा तो उनका अपना है। फिर तो वही हाय-हाय करनी है। महंगाई की मार ने हम लोगों की हंसी तो छीन ही ली है। इन्हें तो मौज करने दो। क्या पता, यह हंसी भी उनकी अपनी है या उधार की!"

पास बैठी महिला आंखें फाड़कर उसे देखती रह गयी।

अनास्था के मरुथल

अंतरंग से बाहर निकले तो देखा, झमाझम पानी बरस रहा है। भीतर बैठकर मौसम के इस बदले मिजाज का पता ही नहीं लगा था। अब उतनी-सी जगह में इतने सारे लोगों के साथ खड़े होकर हम लोग बारिश के रुकने की प्रतीक्षा करने लगे।

बारिश का फिलहाल रुकना तो नामुमकिन ही था। हां, जोर थोड़ा कम हुआ तो ये बोले--"सुनो! निकल लेते हैं। घर जाकर कपड़े बदल लेंगे।"

इन्होंने सिर पर रूमाल रख लिया, मैंने भी सिर पर पल्ला डाल लिया और हम लोग निकल पड़े। पहले तो किनारे-किनारे चलना चाहा पर वहां छत से परनाले बह रहे थे। फिर सोचा जब भीगना ही है तो तरतीब से भीगेंगे। वैसे भी प्रवेश द्वार तक पहुंचते-पहुंचते तरबतर होना ही था।

मैं सम्हल-सम्हलकर सीढ़ियां चढ़ रही थी। मैंने देखा, मुझसे कुछ आगे एक और महिला भीगने की परवाह न करते हुए चल पड़ी हैं। वे मुझसे भी धीरे चल रही थीं। लग रहा था काफी बुजुर्ग हैं और शायद उनके घुटनों में भी दर्द है। कुछ देर बाद मैंने उन्हें पीछे छोड़ दिया था।

गेट पर पहुंचकर ये बोले--"तुम यहीं रुकों मैं गाड़ी लेकर आता हूं।" मैं प्रतीक्षा कर रही थी तब तक वे भी बगल में आकर खड़ी हो गईं। चेहरा जाना पहचाना-सा लगा। शायद कई कार्यक्रमों में देखा है।

"अकेली हैं?" मैंने पूछा। उन्होंने सिर हिला दिया।

"कहां रहती हैं?"

"अरेरा कॉलोनी।"

"तो हमारे साथ चलिये न! हम लोग उस तरफ ही जायेंगे।"

उन्होंने नानुकर नहीं की। जानती होंगी कि इतनी बरसात में ऑटो मिलेगा नहीं। मिला भी तो रात में उतनी दूर जाने को शायद ही राजी हो। तब तक ये गाड़ी लेकर आ गये थे। इन्होंने मेरे लिये दरवाजा खोला तो मैंने भीतर हाथ डालकर पीछे वाला दरवाजा भी खोल दिया। इन्होंने प्रश्नार्थक दृष्टि से देखा–

"उधर अरेरा कॉलोनी में ही रहती हैं। ड्रॉप कर देंगे। अब इतनी रात ऑटो कहां मिलेगा।" मैंने बताया। इन्होंने मुंह बना लिया पर कुछ नहीं बोले। हम दोनों के बैठते ही चुपचाप गाड़ी स्टार्ट कर दी।

"आपको अक्सर कार्यक्रमों में देखा है, हमेशा अकेले ही आती हैं।"

"हां अब तो अकेली ही हूं। पर शौक है कि छूटता ही नहीं। शौक क्या, यह तो एक तरह से मेरे जीने का सामान ही है।"

"घर पर?" मैंने जान-बूझकर वाक्य अधूरा छोड़ दिया।

"घर पर सब हैं। बेटा है, बहू है। पर उनकी अपनी मसरूफियतें हैं। मेरे साथ कहां तक घिसटते रहेंगे। फिर पीढ़ी का अंतर है। उनके शौक अलग, पसंद अलग।"

उनकी आवाज खनकदार थी। उच्चारण भी एकदम साफ-सुथरा।

"आप लोग भी रसिक जान पड़ते हैं।" उन्होंने कहा।

"जी हां। शौक तो बहुत है पर हर जगह कहां जा पाते हैं। यहां तो रोज ही अच्छे-अच्छे कार्यक्रम होते रहते हैं। हम लोग कस्बे से आये हैं। हमारे लिये राजधानी का सबसे बड़ा आकर्षण यही है। देखने-सुनने के लिये यहां कितना कुछ है–बस समय चाहिए।"

"आप उस दिन रोनू मजूमदार के कार्यक्रम में नहीं थीं शायद, बहुत अच्छा बजाते हैं। मेरे खयाल से चौरसिया के बाद उन्हीं का नंबर है।"

मैं चकित थी। इसी उम्र की मेरी मां और सास अचार और पापड़ से आगे कुछ जानती ही नहीं। प्रकट रूप से मैंने कहा–"मेरा बड़ा मन था पर उस दिन ये टूर पर थे।"

"आप गाड़ी नहीं चलातीं?"

"चलाती तो हूं पर रात में अकेले हिम्मत नहीं पड़ती।"

"आप निकल आया कीजिये। लौटते समय मैं आपका साथ दे दूंगी।"

"थैंक्यू" मैंने कहा और दृष्टि अनायास ही इनकी ओर उठ गई। इनके

चेहरे की रेखायें प्रतिक्षण कठोर होती जान पड़ीं। ये जरा रिजर्व नेचर के हैं। किसी के साथ इतनी जल्दी बेतकल्लुफ नहीं हो सकते।

"मैडम! आपको कहां छोड़ना है" इन्होंने खुरदरी आ़वाज में पूछा।

हम लोग अरेरा कॉलोनी के मुहाने पर खड़े थे।

"आप मुझे यहीं छोड़ दीजिये।"

"आप बस पता बता दीजिये। दुबारा भीगने में कोई तुक नहीं है।" उनके निर्देशानुसार फिर गाड़ी ने तीन-चार मोड़ पार किये। फिर एकाएक वे बोलीं–"बस यहीं रोक दीजिये।"

इन्होंने गाड़ी रोक दी। मकान में घुप्प अंधेरा था। मुझे बड़ा खराब लगा। कैसे लोग हैं! घर का एक सदस्य बाहर है। कम-से-कम बाहर की एक बत्ती तो जलाकर रखनी चाहिए।

"अच्छा, अब आप चलिये। धन्यवाद।" नीचे उतरकर उन्होंने कहा।

"आप गेट तो खुलवा लीजिये।"

"खुलवा लूंगी, नो प्राब्लम। आप लोग चलिये। पहले ही बहुत देर हो चुकी है।"

मुझे लगा शायद उन्हें हमारे सामने कुछ असुविधा हो रही है। नमस्ते करके हम चल पड़े। मैंने कनखियों से देखा, हमारे जाने के बाद भी उन्होंने गेट नहीं खड़काया। बल्कि वे आगे बढ़ गईं।

हम लोग शायद थोड़ा पहले ही रुक गये थे। कहतीं तो दो कदम आगे भी चले जाते।

"वे शायद तुम्हें अपना घर नहीं दिखाना चाहती थीं।"

"डोन्ट टेल भी।"

"ठीक तो कह रहा हूं। तुम तो एकदम गले ही पड़ जाती हो। यह महानगर है मैडम! यहां कस्बाई संस्कार नहीं चलेंगे।"

फिर दो-चार कार्यक्रमों में वे नजर आईं। दुआ-सलाम भी हुई। मुझे लगा लौटते समय वे हमें ढूंढ लेंगी। पर बाद में नजर ही नहीं आईं। शायद पहले ही निकल गई थीं। एक बार मैंने टोका भी तो बोलीं–"हर बार थोड़े ही अच्छा लगता है। वो तो उस दिन बारिश हो रही थी इसलिये, मेरा ऑटो वाला कहीं अटक गया था।"

''ऑटो वाला लगा रखा है क्या?''

''यही समझ लीजिये। मेरा शौक है इसे मैं अपने दम पर ही पूरा करती हूं। किसी पर बोझ नहीं बनना चाहती। फिर भी अगर कभी जरूरत हुई तो आप ही क़ो कष्ट दूंगी—यकीन जानिये।''

एक-दो बार मैं अकेले ही गाड़ी लेकर गई तो उन्हें मैंने जबरदस्ती बिठा लिया। कहा कि आपका ही सुझाव था। आपके ही भरोसे पर गाड़ी लेकर आई हूं। अब आप पीछे नहीं हट सकतीं।

एक बार मिसेस माथुर साथ में थीं। बोली—''आजकल ये मिसेस राय तुम पर बहुत कम्बल हो रही हैं।''

''ओह तो इनका नाम मिसेस राय है! मुझे तो पता ही नहीं था। पूछने में भी संकोच हो रहा था। वैसे वे मुझ पर कम्बल नहीं होतीं। अकेली होती हूं तो मैं ही उन्हें 'रिक्वेस्ट' करती हूं।''

''फिर भी उनसे बचकर ही रहना। उन्हें तो हर कहीं जाना होता है। चाहे रामकिंकरजी का प्रवचन हो या भीमसेन जोशी का गायन हो—अरुण शौरी का भाषण हो या पीनाज़ मसानी की ग़ज़लें हों—उन्हें किसी कार्यक्रम से परहेज नहीं है।''

''अच्छा तो है। अपना बुढ़ापा कलात्मक ढंग से काट रही हैं।''

''अरे बेटा-बहू कोसते रहते हैं। उन्हें कोई कहां तक ढोयेगा? आखिर बच्चों को भी अपने काम होते हैं।''

''मैंने तो उन्हें हमेशा अकेले ही देखा है। खैर, आप इन लोगों को जानती हैं?''

''हमसे चार घर आगे ही तो रहते हैं।''

एक दिन मैंने उनसे कहा—''आंटीजी आप अपना फोन नंबर दे दीजिये। जिस दिन मैं अकेली रहूंगी, आपको घर से ही पिक-अप कर लूंगी।''

''कोई फायदा नहीं है। फोन बच्चों के कमरे में है। मैसेज मुझे मिल ही जायेगा इसकी गारंटी नहीं है। कई बार भूल जाते हैं।''

उनके घर का जो एक चित्र मेरे मन में उभर रहा था वह इस बात से पूर्ण हो गया। लगा कि वे भीतर-बाहर एकदम अकेली हैं।

कई बातों की जैसे आदत हो जाती है। शहर की सांस्कृतिक संध्याओं

में उन्हें देखने की मुझे जैसे आदत हो गई थी। जब तीन-चार बार वे नहीं मिलीं तो मैंने मिसेस मित्रा से पूछ ही लिया। पता चला, पता क्या चला मिसेस मित्रा ने हिकारत से बताया—

"अरे टांग तुड़वाकर अस्पताल में पड़ी हैं।"

सुनकर बुरा लगा। इस उम्र में फ्रॅक्चर, वह भी पैर का। बहुत मुश्किल से ठीक हो पायेगा। उनका घूमना-फिरना तो शायद हमेशा के लिये बंद हो जायेगा। किसी तरह उनका पता-ठिकाना मालूम किया। किसी प्राइवेट नर्सिंग होम में 'एडमिट' थीं। रूम नंबर पता करके एक दिन पहुंच ही गई। दरवाजे पर ही एक सुदर्शन युवक से सामना हो गया।

"क्या काम है?" उसने रूखे स्वर में पूछा।

मेरा तो उल्टे पैरों लौट आने का मन हो गया। फिर भी संयत स्वर में कहा—"काम क्या होगा? तबीयत देखने आई हूं।"

"आपको पहचानती हैं वे?"

"शायद। भीतर जाने देंगे तभी तो पता चलेगा।"

बड़ी मजबूरी में उसने दरवाजा छोड़ा। भीतर जाकर देखा—बिस्तर पर वे निढाल पड़ी थीं। मुझे देखकर उनके श्रांत-क्लांत चेहरे पर एक क्षीण-सी मुस्कराहट आई। बेटे को बुलाकर उन्होंने मेरा परिचय करवाया। श्रीमानजी का नाम सुनते ही उसके चेहरे की रेखायें कुछ ढीली हुईं। पर मेरा चेहरा तन गया। सोच लिया कि इस इंसान से अब बात नहीं करनी है।

कुछ देर तक मिजाजपुरसी करने के बाद मैं उठ खड़ी हुई। उन्होंने क्षीण स्वर में कहा—"कुछ किताबें हों आपके पास तो भिजवा सकेंगी? पड़े-पड़े बोर हो रही हूं।"

मैंने दूसरे ही दिन नौकर के हाथ पुस्तकें भिजवा दीं। पर मन नहीं माना तो चार दिन बाद खुद पहुंच गई। साथ में चार-छह कैसेट्स थीं और हेडफोन सहित मेरा छोटा-सा कैसेट प्लेयर भी। वे बहुत खुश हुईं। मेरे दोनों हाथ अपने हाथ में लेकर बोलीं—"पिछले जनम में आप जरूर मेरी बेटी रही होंगी?"

"इसी जनम में मान लीजिये न।"

फिर तो जैसे नियम ही हो गया। हर दो-तीन दिन बाद मैं अस्पताल पहुंच जाती। कभी फल, कभी पत्रिकाएं, कभी कोई हल्का-सा नाश्ता—कभी एकाध उपन्यास। वहां खाली हाथ जाना अच्छा ही नहीं लगता था। इस बीच एकाध-दो

कार्यक्रमों में जाना हुआ तो बराबर उनकी याद आती रही। कार्यक्रम का रस नहीं ले सकी। मन के तार कब किससे जुड़ जायेंगे कोई नहीं जानता।

एक बार मैं उठने लगी तो उन्होंने हाथ जोड़कर कहा–"परसों-नरसों शायद मैं घर चली जाऊंगी। उससे पहले एक बार दर्शन दीजियेगा।"

"दर्शन की चिंता क्यों करती हैं?" मैंने उनके हाथ पकड़कर हंसते हुए कहा–"मैं घर आकर दर्शन दे जाया करूंगी।"

"नहीं। वहां नहीं।"

मेरे कान पर हथौड़े की तरह पड़ा। इतनी उत्तेजना की, कठोरता की तो कोई जरूरत नहीं थी। मैंने धीरे से उनका हाथ छोड़ दिया। उन्होंने दुबारा मेरे हाथ थाम लिये। उनका चेहरा भी अब सामान्य हो गया था। सौम्य शब्दों में बोलीं–"मैं नहीं चाहती कि मेरे अपनों का मेरे घर पर अपमान हो।"

मैं क्या बोलती। चुपचाप बैठी रही। थोड़ी देर बाद उन्होंने पूछा–"तुम्हारे बच्चे नहीं हैं न।"

मैं चौंकी। वे कितनी सहजता से 'आप' से 'तुम' पर उतर आई थीं।–"आपको कैसे पता चला?"

"हम लोग इतनी बातें करते हैं पर कभी बच्चों का जिक्र नहीं चला न–इसलिये।"

"बच्चे नहीं हैं पर मुझे कोई मलाल नहीं है। मैंने अपने जीवन को इतनी सारी चीजों से भर लिया है कि सोचने का समय ही नहीं मिलता।"

"वह सोच करने लायक बात है भी नहीं। बच्चों का न होना उतना दुःखदायी नहीं है। पर बच्चों के होते हुए अकेले पड़ जाना ज्यादा कष्टप्रद है।"

मैंने उनकी ओर देखा, चेहरा दर्द से जैसे पुता हुआ था। फिर भी मैं अपनी उत्सुकता नहीं रोक पाई–"आप बुरा न मानें तो एक बात पूछूं! मैं इतनी बार यहां आई हूं। पर आपकी बहू को कभी नहीं देखा। बेटे को भी बस उसी दिन देखा था।"

"ऑपरेशन वाले दिन दोनों आये थे। अब बेटा कभी-कभार चक्कर लगा जाता है।"

"और उनके बच्चे? वे भी तो दादी को देखने आते होंगे।" उन्होंने कोई जवाब नहीं दिया। बैठी थीं सो लेट गईं। जैसे बहुत थक गई हों। मुझे अपने पर शर्म हो आई। नाहक उनकी दुखती रग को छू लिया। मैंने धीरे से 'सॉरी'

कहा और चली आई।

दो-तीन दिन वहां जाने की हिम्मत नहीं जुटा पाई। पर फिर डर लगा कि अगर वे घर चली गईं तो फिर मुलाकात ही नहीं हो पायेगी। मैंने नर्सिंग होम में फोन करके पता किया। अभी वे वहीं थीं। फिर मैंने उनके लिये 'फेयरवेल' का सामान जुटा लिया। आशापूर्णा देवी और शिवानीजी के पूरे सेट्स खरीदे, बशीर बद्र, जावेद अख्तर, साहिर और दुष्यंत कुमार के ग़ज़ल संग्रह खरीदे, पं. जसराज, भीमसेन जोशी, कुमार गंधर्व, मालिनी राजुरकर, परवीन सुलताना के कैसेट्स खरीदे। नितिन मुकेश के गाये हुए सुंदरकांड का पूरा सेट लिया। दो खूबसूरत गिफ्ट पैक बनाये। दो-तीन पैकेट मसाला सुपारी के, नींबू वटी के पाउच भी रख लिये। काफी सामान हो गया था फिर भी जैसे मेरी तृप्ति नहीं हो रही थी।

उस दिन उन्हें उदास छोड़कर आई थी। सोचा था आज जाते ही उन्हें खुश कर दूंगी। पर वहां जाकर मेरा ही मूड खराब हो गया। उनके सुपुत्र वहां विराजमान थे। वे भी मुझे देखकर बहुत खुश नहीं हुए। चेहरे पर वही मनहूसियत बरस रही थी। बड़ी बेजारी में बैठे थे। मुझे देखते ही उठ खड़े हुए। थके से स्वर में बोले—

"ममा! आप सारा सामान समेटकर रख लीजिये। मैं कल सुबह नौ बजे आ रहा हूं। ऑफिस जाने से पहले आपको घर पहुंचा जाऊंगा!"

उन्होंने स्वीकृति में सिर हिला दिया पर मुझसे नहीं रहा गया। मैंने कहा—"भाई साहब! यह सब समेटना क्या आंटी के बस का है? यह अकेले सोहन के बस का भी नहीं है। महीने भर में तो अस्पताल में पूरी गृहस्थी इकट्ठा हो जाती है। न हो तो आप घंटे भर के लिए मिसेस को भेज दीजिये।"

उनके बेटे ने मुझे खा जाने वाली नजरों से देखा। फिर मां से बोला—"ममा! आप तो जानती हैं जया का घर से निकलना कितना मुश्किल है। आपका कमरा ठीक करना है। आपके लिये स्पेशल पलंग मंगवाया था उसे फिट करना है। आपका बाथरूम चैक करना है।"

"कोई बात नहीं बेटा" उन्होंने सहज स्निग्ध स्वर में कहा—"सोहन सब कर लेगा। उसे मालूम भी है कौन चीज कहां रखी है। तुम अब निकलो। बच्चे राह देख रहे होंगे।"

बेटा जैसे इस आदेश की प्रतीक्षा में था। फौरन उठकर चल दिया।

कमरे में जब हम दोनों ही रह गईं तब मैंने कहा—"आंटी! घर जा तो

रही हैं पर वहां आपकी तीमारदारी कौन करेगा? बहू तो यह सब करने से रही और सोहन से आप करवा नहीं सकतीं।''

''सोहन से कैसे करवाऊंगी। बूढ़ी हूं तो क्या, औरत तो हूं। इसीलिये मैं यहां 8-10 दिन ज्यादा रह ली। मुझे तो पिछले हफ्ते ही छुट्टी मिल रही थी। पर मैंने मना कर दिया। कहा कि ऐसी असहाय अवस्था में घर नहीं जाऊंगी। कम से कम मुझे अपने पैरों पर खड़ा तो हो लेने दो।''

''यह आपने ठीक किया। शक्ति तो धीरे-धीरे आयेगी। पर आत्मविश्वास तो आना चाहिए।''

''पर इसी बात पर बेटाजी बहुत नाराज हो गये।''

''क्यों?''

''अरे नर्सिंग होम में रहना कोई मजाक है? पांच सौ रुपया रोज तो कमरे का ही है। इसके अलावा दवाइयां, नर्सिंग अलग। ऑपरेशन का खर्च तो अलग ही होता है। वह तो उसी समय वसूल लिया जाता है। बेटे ने साफ कह दिया कि ऑपरेशन की फीस मैंने चुका दी थी। अब बाकी का तुम भुगतोगी।''

मैं हैरान रह गई। कोई संतान इतनी संवेदनाशून्य हो सकती है! पता नहीं क्यों मैंने एकदम पूछ लिया–''आंटी! क्या आप इनकी सौतेली मां हैं?''

''नहीं। पर पिता जरूर सौतेले थे। पर बेटे को उनसे कोई शिकायत नहीं है। प्रेम से उनका नाम लगाता है। उनकी कोठी में ठाठ से रहता है। उनके रुपयों पर ऐश करता है। बस, मां को चरित्रहीन समझता है।''

''क्या बात करती हैं?''

''सच कह रही हूं। उसका कहना है कि इस देश में लाखों औरतें पति के नाम पर जिंदगी गुजार देती हैं। नौकरी करके बच्चे भी पाल लेती हैं। आप ऐसे त्याग और तपस्या की जिंदगी क्यों नहीं बिता सकीं? दूसरी शादी करके आपने सिर्फ अपना भला किया। पर मेरा घर-परिवार, आत्मीय स्वजन, कुल-गोत्र, जाति सब-कुछ छीन लिया। अब उसे क्या बताऊं कि सबकी परिस्थितियां समान नहीं होतीं।...मेरे घर में चार देवर थे चारों ही गबरू जवान। एक तो उम्र में मुझसे भी बड़ा था। सास अपाहिज, खटिया से लगी हुई थी। पति की मृत्यु के बाद मैं चार महीने वहां रही। पर एक रात भी चैन से सो नहीं सकी। डर के मारे पूरी-पूरी रात बैठी रहती। जरा-सी आहट पर चौंक उठती। हारकर पिता के घर लौट आई। पिता की छोटी-सी नौकरी थी, हम 6-7 भाई-बहन थे। मेरी

शादी करके मां-बाप अभी थोड़े सुस्ता रहे थे कि साल-भर का बच्चा लेकर मैं वापिस आ गई। ऐसे में मेरा स्वागत क्या होता! मुझे भी लगा कि मैं भाई-बहनों के मुंह का कौर छीन रही हूं...पति की नौकरी का थोड़ा पैसा था, कुछ बीमे की रकम थी। दोनों पक्षों की आंख उसी पर थी। पर दौड़-धूप करने के लिये कोई आगे नहीं आया। जिसने मदद का हाथ बढ़ाया वही शक के घेरे में आ गया। अविवाहित होना ही उनका सबसे बड़ा जुर्म था। फिर हमने तंग आकर उस शक को सच में बदल दिया। मुझे एक सशक्त सहारे की जरूरत थी। उन्हें एक सुलझा हुआ साथ चाहिए था। तीनों घरों में बहुत विरोध हुआ तो हम अपना बोरिया-बिस्तर समेटकर यहां चले आये। भाग्य से कारोबार चल निकला। जीवन की धारा ही बदल गई। राय साहब ने मुझे वचन दिया था कि तुम्हारा बेटा ही संपत्ति का एकमात्र अधिकारी होगा। इसीलिये हम लोगों ने दूसरा बच्चा भी नहीं होने दिया। अब लगता है कि मैंने गलत किया। कम से कम वह तो मुझे आदर-मान देता।''

इतनी लंबी गाथा कहते-कहते वे हांफ-सी गई थीं। निढाल होकर थोड़ी देर लेटी रहीं। लगा जैसे बहुत दिनों बाद उन्हें अपनी बात कहने का मौका मिला था। इसीलिये वे धाराप्रवाह बोलती चली गईं। मुझे तो लगा कि अपने बेटे को भी उन्होंने यह सब नहीं बताया होगा।

''आंटी!'' मैंने कहा—''एक बार शांति से आप यह सब अपने बेटे को भी बतलाइयेगा। शायद उनकी गलतफहमी दूर हो।''

''कहना-सुनना तो तब होता है जब कोई आपके पास घड़ी-भर आकर बैठे। अब तो वह बात ही नहीं रही। राय साहब थे तब तक घर में उनका दबदबा था, मेरा भी सम्मान था। उनके बाद तो मेरी दुनिया ही बदल गई। बहू बात नहीं करती, बच्चे पास नहीं फटकते। बेटा चौबीस घंटे में एक बार शक्ल दिखाकर फर्ज पूरा कर लेता है। ये बिचारा सोहन न हो तो मैं बोलने को तरस जाती हूं। इसीलिये तो घर से भागी-भागी फिरती हूं। बहू को वह भी तो नहीं सुहाता। कहती है इस उम्र में औरतें मंदिर जाती हैं, भजन-कीर्तन करती हैं, सत्संग में भाग लेती हैं। तुम्हारी मां को नाच-गानों से फुरसत नहीं है। यह सुनकर बेटे का दिमाग और खराब हो जाता है।''

''आपकी बहूरानी तो बहुत ही खतरनाक है।''

''पक्की कूटनीतिज्ञ है। राजनीति में होती तो बहुत दूर तक जाती। नीरज

को उसी ने पट्टी पढ़ाई है, नहीं तो शादी से पहले वह कभी इस तरह से सोचता नहीं था। पति के कान भर-भरकर उसे अपनी मुट्ठी में कर लिया है और अब सारी जायदाद पर कुंडली मारकर बैठ गई है। घर अगर मेरे नाम नहीं होता तो वह मुझे भी बाहर कर देती। वो तो राय साहब समय की नब्ज पहचानते थे इसलिये उन्होंने सारी व्यवस्था कर रखी है। कम से कम पैसों के लिये मुझे किसी का मुंह नहीं देखना पड़ता।''

वातावरण बहुत बोझिल हो चला था इसलिये बात बदलने की गरज से मैंने कहा—''आंटी आपको एतराज न हो तो मैं थोड़ा-सा सामान समेट दूं? अकेला सोहन भी क्या-क्या करेगा?''

उन्हें एतराज भला क्या होता। मैंने अपनी समझ से समेटना शुरू कर दिया। तेल, कंघी, साबुन, पेस्ट, ब्रश, कप-प्लेट, चम्मच—ये सारी चीजें तो कल सुबह तक चाहिए ही थीं। उन्हें छोड़कर बाकी सामान इकट्ठा कर लिया और पालिथिन की थैलियों में भरकर रख दिया। अलमारी से सारे कपड़े निकालकर तहाकर रख दिये। फिर मैंने कहा—''आंटी! ये चादर और गिलाफ शायद घर की हैं न! इन्हें भी निकाल लेते हैं नहीं तो सुबह जल्दी में छूट जायेंगी। आज रात आप अस्पताल की चादर से काम चला लीजिये।''

मैंने उन्हें सहारा देकर उठाया और कुर्सी पर बिठा दिया। चादर घरी करके रख दी। जैसे ही तकिये का गिलाफ उतारा—नोटों की एक गड्डी टपक पड़ी।—''ये क्या है आंटी?''

''अस्पताल का बिल है। श्रवणकुमार जताकर गये थे इसलिये मैंने तय कर लिया था कि पैसे मैं ही दूंगी और अपने हाथ से दूंगी।''

''लेकिन पैसे सम्हालकर तो रखा कीजिये। इतने सारे पैसे आपने खुले में रख छोड़े हैं।''

''जब अपने ही लूट रहे हैं तो दूसरों से क्या डरना।''

वे हंसकर बोलीं—''अस्पताल वाले इतनी सेवा कर रहे हैं। थोड़ा-बहुत ले भी लेंगे तो मुझे मलाल नहीं होगा। रहा सोहन—तो बेगानों की भीड़ में वही तो एक़ अपना है। बैंक का सारा काम वही तो करता है। पुराना भरोसेमंद आदमी है। उसकी नीयत में फर्क नहीं आ सकता। जानता है जब जरूरत होगी मांगकर ले लेगा।''

''सोहन का बस नाम ही नाम सुना है। कभी देखा नहीं।''

"देखोगी कैसे? दिन-भर तो बेचारा नौकरी करता है। रात में यहां ड्यूटी देता है। कल ही गांव जाकर बीवी को ले आया है। कहता है—जब तक आप एकदम ठीक नहीं हो जातीं ये आपकी हाजरी में रहेगी। खेती गई भाड़ में।"

"बहूरानी को एतराज नहीं होगा?"

"होगा भी तो वह सोहन से नहीं उलझेगी। एक उसी से तो डरती है। नहीं तो क्या उसे आउट हाउस में रहने देती। बड़ा स्वाभिमानी और दबंग आदमी है। राय साहब की मृत्यु के बाद उसने बंगले पर एक गिलास पानी तक नहीं पिया है। पर नीरज से कह रखा है कि जब तक मम्मीजी हैं मैं यहीं रहूंगा जिस दिन उनकी अर्थी उठेगी उसी दिन मैं भी विदा ले लूंगा और लौटकर इस घर में कदम नहीं रखूंगा।"

मैंने खिड़की की ओर देखा, सांझ का अंधेरा घिरने लगा था। मैं हड़बड़ाकर उठ खड़ी हुई—"आंटी अब चलूंगी। बातों में समय का ध्यान ही नहीं रहा। और देखिये तो, आपके लिये ये सामान लाई थी। बातों-बातों में उसका भी ध्यान नहीं रहा। मेरे साथ ही वापिस घर जा रहा था।"

मैंने दोनों 'गिफ्ट-पैक' उठाकर पलंग पर रख दिये।

"ये क्या है?"

"आपके लिये छोटी-सी भेंट है—ताकि आप मुझे याद रखें।"

"तुम्हें भूलना क्या संभव हैं?" उन्होंने स्नेहसिक्त स्वर में कहा फिर बालसुलभ उत्सुकता से पूछा—"इनमें क्या है? खोलकर देख लूं?"

"देखिये न! आप ही के लिये तो लाई हूं।"

पहला पैक जो खुला उसमें कैसेट्स थीं। उनका चेहरा खुशी से भर उठा। चश्मा लगाकर वे एक-एक का विवरण पढ़ने लगीं।

"आपके यहां म्यूजिक सिस्टम तो होगा?" मैंने डरते-डरते पूछा।

"है न! मेरा अपना टी.वी. है, रेडियो है, म्यूजिक सिस्टम है। अब तो इन्हीं से काम चलाना है। बहूरानी की ऐसी नजर लगी है कि अब बाहर निकलना तो असंभव ही हो गया है।"

मैंने कोई टिप्पणी नहीं की और दूसरा पैक भी खोल दिया। पुस्तकें देखकर उनकी आंखें आनंद से छलक उठीं।

"इस बुढ़िया के लिये कितना पैसा फूंक आई हो।"

"आपकी पसंद की तो हैं न ये किताबें। मैं अपनी समझ से ले आई थी।"

''बहुत बढ़िया समझ है तुम्हारी। अब मेरे सूनेपन की घड़ियां आराम से कट जायेंगी। बस दुआ करो कि ये पुस्तकें खत्म करते-करते ही मैं खत्म हो जाऊं।''

''ऐसा क्यों कह रही हैं आंटी। अब तो क्रायसिस टल गया। अब तो आप ठीक होकर घर जा रही हैं।''

''बेटा, क्रायसिस तो अब शुरू हुआ है। खैर, तुम अखबार देखती रहना। किसी दिन 'पर्सनल-कॉलम' में मेरा नाम नजर आ जायेगा—बशर्ते ये लोग अखबार में दें।''

''बस भी कीजिये आंटी। आज आप ये कैसी बातें कर रही हैं। शुभ-शुभ बोलिये।'' मैंने उन्हें मीठी-सी झिड़की दी। पर चाहकर भी यह नहीं कह सकी कि आंटी अभी तो आपको बहुत जीना है। मैं जानती थी कि ये उनके लिए शुभकामना नहीं—बददुआ होगी, अभिशाप होगा।

तीसरा बेटा

पत्र पढ़ते हुए प्रतिक्षण उसका पारा बढ़ता जा रहा था। पत्र समाप्त करते ही वह फट पड़ी—"वाह! अच्छा न्याय है। दूध-मलाई खाओ तुम, अंग्रेजी स्कूलों में पढ़ो तुम, डॉक्टर-इंजीनियर बनो तुम, विलायत की सैर करो तुम और बूढ़ी मां को सम्हालूं मैं। बेवकूफ समझ रखा है?"

और इस बमबारी के बाद छाया ने विदेशी मुहर लगा वह लिफाफा डस्टबिन में उछाल दिया। पेपर पढ़ते हुए प्रमोद ने एक बार उसकी ओर देखा और फिर से अखबार में नजरें गड़ा दीं। वे जानते हैं इस समय कुछ भी पूछना आग में घी डालना है। इससे अच्छा, कुछ देर चुपचाप प्रतीक्षा करो। थोड़ी देर बाद वह खुद ही सब-कुछ उगल देगी।

और वही हुआ। पांच-दस मिनट बाद ही छाया उनके पास आकर बैठी। उनके हाथ से अखबार छीनते हुए बोली—"सुनोजी, हम क्या इतने गए-गुजरे हैं कि पैसे देकर हमसे कोई कुछ भी करा लेगा?"

"तुमसे कौन, क्या करवा रहा है?"

छाया ने डस्टबिन से लिफाफा उठाकर पति के हाथ में थमा दिया। खोलकर देखा, काफी लंबी चिट्ठी थी। टेलीफोन के इस युग में इतनी लंबी चिट्ठी? उन्हें आश्चर्य हुआ। वे तो शायद असीम की लिखावट ही पहली बार देख रहे थे। लिखा था :

दीदी,

मन बहुत कड़ा करके यह पत्र लिख रहा हूं। इधर दो-तीन महीनों से अमित मेरे पीछे पड़ा है। पत्र में, फोन पर, ई-मेल से बराबर एक ही बात लिखता

है कि मैं मां को अपने पास बुला लूं। वह कहता है कि मां उसकी अकेले की नहीं है। फिर वह इस जिम्मेदारी को अकेले ही क्यों झेले? कब तक झेले?

वह कहता है कि मां के कारण उसकी प्रगति रुक गई है। वह एक जगह बंधकर रह गया है। इतने अच्छे-अच्छे अवसर हाथ से निकले जा रहे हैं और वह जहां का तहां बना हुआ है। जब तक मां का कोई प्रबंध नहीं हो जाता, वह देश तो क्या शहर छोड़कर भी नहीं जा सकता। यह अन्याय वह कब तक सहेगा? अगर मां सबकी है, तो वह अकेला ही क्यों भुगतेगा? अब तो उसने अल्टीमेटम दे दिया है कि अगर मैंने मां को ले जाने का कोई प्रबंध नहीं किया तो मजबूरन उन्हें ओल्डहोम में रखना पड़ेगा।

दीदी, तुम तो जानती हो मां का यहां आना इतना सरल नहीं है। पासपोर्ट, वीसा, सौ फार्मेलिटी हैं। ग्रीन कार्ड के लिए तो इतने पापड़ बेलने पड़ते हैं कि क्या बताऊं। सारे गोरख-धंधे करके उन्हें यहां ले भी आऊं तो क्या वे यहां खुश रह पाएंगी? अमित की देसी बहू से ही उनकी पटरी नहीं बैठी, तो यहां तो प्रश्न ही नहीं उठता। फिर भाषा का सवाल है। संस्कारों का अंतर है। इस उम्र में वे क्या-क्या समझौते करेंगी। अपनी जड़ों से काटकर उन्हें यहां ले आऊं और वे खुश न रहें, तो क्या मतलब है।

दीदी, तुमने शुरू से इस घर की जिम्मेदारी में हाथ बंटाया है। इस समय भी तुम्हीं याद आ रही हो। क्या मां को रख सकोगे। मैं तुम पर कोई आर्थिक बोझ नहीं पड़ने दूंगा। अमित के यहां भी पैसे भेजता रहा हूं। तुम्हारे यहां कुछ ज्यादा भेज दूंगा। पर प्लीज मेरी इतनी बात रख लो। दो-दो बेटों के होते हुए मां बुढ़ापे में बनवास भोगेंगी, तो बहुत शर्म की बात होगी। हमें इस शर्म से बचा लो प्लीज।

—असीम

असीम ने पत्र बहुत ही आत्मीयता से लिखा था। हर वाक्य में उसकी व्यथा छलकी पड़ रही थी। हर शब्द में उसकी मजबूरी झलक रही थी। और छाया उसकी हर बात पर उबल रही थी।

दो-तीन दिन बाद प्रमोद बाहर से लौटे, तो उन्होंने एक कोरा एरोग्राम छाया को पकड़ा दिया।

"ये किसलिए?"

"असीम को पत्र नहीं लिखना है?"

"नहीं।"

"कोई बात नहीं। फोन कर लेना। पत्र वैसे भी आजकल कौन लिखता है?"

"जी नहीं। मैं फोन भी नहीं करूंगी। मेरे पास फालतू पैसे नहीं हैं।'

छाया के तेवर देखकर प्रमोद चुप रह गए। वे जानते थे कि छाया भाइयों से बेहद नाराज है। इस नाराजगी की वजह भी वे जानते थे। बाबूजी की मृत्यु के बाद भाइयों ने पुराना रिहायशी मकान बेच दिया था। लगभग तेरहवीं के साथ-साथ ही यह काम हो गया था क्योंकि असीम बार-बार नहीं आ सकता था।

मकान पुराना था, जर्जर था पर जगह मौके की थी। इसलिए कीमत अच्छी मिल गई थी। करीब नौ-दस लाख मिल गए थे। दोनों बहनों को पचास-पचास हजार पकड़ाकर भाइयों ने पल्ला झाड़ लिया था। उसके बाद असीम ने अपने पास से कुछ मिलाकर एक बंगला ले लिया था। असीम ने एक फ्लैट भी लेकर किराए पर उठा दिया था। बोला—कभी वापस आने का मन हुआ, तो टिकने को एक जगह तो चाहिए।

माया दीदी के लिए तो वह रकम भी नियामत थी। एकमुश्त इतने रुपये उन्होंने कभी देखे नहीं थे। और घर में लड़की थी, जो जवान हो रही थी। पर छाया इस अन्याय से तिलमिला गई थी। उसने वे पैसे फिक्स में डाल दिए थे और उनकी तरफ कभी झांका भी नहीं था। कहती थी—"दीदी के यहां जब शादी होगी, सब रुपए उठा दूंगी। भाई लोग क्या भात लाएंगे, मैं जानती हूं। सब-कुछ तो मुझे ही करना पड़ेगा। नहीं तो दीदी की ससुराल में नाक कट जाएगी।"

प्रमोद को आश्चर्य होता। छाया की कितनी ही इच्छाएं प्रमोद की गृहस्थी में दफन हो गई थीं। कितने अरमान अधूरे रह गए थे। पर उसने उन पैसों को कभी हाथ भी नहीं लगाया। इसके मूल में भाइयों के प्रति रोष था या दीदी की चिंता—पता नहीं।

रात को उन्होंने धीरे से बात उठाई—"छाया, एक बात कहूं?"

"कहिए।"

"तुम अपने भाइयों से नाराज हो, कोई बात नहीं। पर जानती हो, तुम्हारी नाराजगी का दंड बेचारी मां को भुगतना पड़ेगा।"

"पहली बात तो यह कि मैं भाइयों से नाराज नहीं हूं। मेरा असली गुस्सा तो मां पर ही है। दूसरी बात यह, कि मां बेचारी कतई नहीं हैं। आपने उनकी लाचार मुद्रा ही देखी है पर ये उनका असली रूप नहीं है। उनके जल्लादी व्यक्तित्व और निरंकुश शासन की भुक्तभोगी हम बहनें हैं। इन्हीं बेटों की जिंदगी बनाने के लिए मां ने हमारा बचपन मिट्टी कर दिया। अब वे ही लोग उन्हें बाहर का रास्ता दिखा रहे हैं—अच्छा हुआ। जैसा बोया था वैसा ही काट रही हैं। मुझे रत्ती भर भी सहानुभूति नहीं है।"

प्रमोद हैरत से देखते रह गए। मां के लिए कोई इतनी तल्ख बात कर सकता है? मां तो ममता की मूर्ति होती है। उसके लिए तो सब बच्चे बराबर होते हैं। वे लोग भी तो पांच भाई-बहन थे। बहुत अमीर भी नहीं थे। पर घर में एक शांति थी। सुकून था और इसका श्रेय जाता था उनकी स्नेहमयी, सहनशील, हंसमुख मां को। आज भी याद आते ही मन कैसा तो होने लगता है। आंखों की कोर गीली हो आती हैं।

छाया ने झूठ नहीं कहा था। सचमुच उसका गुस्सा भाइयों पर नहीं था। कम से कम इस समय उसके मन में रुपयों वाली बात नहीं थी। उसे तो अपना अभिशप्त बचपन याद आ रहा था।

वे लोग कुल चार भाई-बहन थे। दोनों बहनें बड़ी थीं, भाई छोटे। सबमें मुश्किल से दो-दो साल का फर्क रहा होगा। पर मां ने दोनों बहनों को जैसे पुरखिन बना दिया था। भाइयों की सारी जिम्मेदारी उन पर लाद दी थी। बहनें बेचारी बस्ता लटकाए, पांव-पैदल सरकारी स्कूल में जाती थीं। दोनों भाई महंगे अंग्रेजी स्कूल में पढ़ते थे। शानदार बस में जाते थे। उस बस में लाने-ले जाने का काम भी बरसों बहनों के ही जिम्मे रहा।

इसके अलावा और भी काम थे। भाइयों की यूनीफॉर्म धोना, प्रेस करना, जूते चमकाना, बैग जमाना, होमवर्क करवाना। सब लड़कियों के जिम्मे था। इन कामों की वजह से उनकी अपनी पढ़ाई हर्ज होती थी, पर उसकी किसी को चिंता नहीं थी क्योंकि पढ़-लिखकर उन्हें कौन-सी कलक्टरी करनी थी, चूल्हा ही तो फूंकना था। जबकि लड़कों को तो अफसर बनना था।

और बच्चे तो अभी से अफसरी दिखाने लगे थे। जब वे स्कूल के लिए तैयार होते थे तो अजीब आलम होता था। कोई जूते के फीते बांध रहा होता, तो कोई टाई की नॉट ठीक करता। कोई दूध का गिलास थामे खड़ा रहता। लड़कों

के लिए मलाईदार दूध का प्रावधान था, जबकि लड़कियों के हिस्से आती थी सिर्फ चाय। छोटी थी तब छाया। एक बार मचल गई थी। मां ने तब क्या हंगामा किया था। "उफ बहन है कि डायन? भाई के दूध पर नजर लगाती है।"

तब से छाया को दूध से ऐसी वितृष्णा हो गई है कि एक घूंट दूध भी उसके हलक से नीचे नहीं उतरता।

हाई स्कूल पास करते ही दीदी की शादी कर दी गई। छाया ने सोच लिया था कि वह दीदी की तरह गूंगी गाय नहीं बनेगी, विद्रोह कर जाएगी। उसकी शादी की किसी ने जल्दी नहीं मचाई। उसे तो स्कूल से निकलते ही बाबूजी ने अपने दफ्तर में डेली वेजेस पर लगवा लिया। कॉलेज की रंगीन दुनिया के सपने धरे रह गए। लोग तो दफ्तर में भी मजे कर लेते हैं, पर उसके लिए तो दफ्तर जेल बन गया था। बाबूजी की चौकस निगाहें हरदम उस पर पहरा देती रहतीं। उसे किसी से बात करने की इजाजत नहीं थी। दफ्तर के हर लड़के को बाबूजी शक की निगाह से देखते थे। इस समय वे किसी तरह की रिस्क नहीं लेना चाहते थे। कम से कम एक बेटे की पढ़ाई पूरी होने तक छाया की नौकरी बहुत जरूरी थी।

सबकी मेहनत रंग लाई। असीम पीईटी में निकल गया। दो साल बाद अमित भी इंजीनियरिंग में आ गया, पर उसका एडमिशन जबलपुर में हुआ था। खर्च एकदम बेशुमार बढ़ गया। छाया ने दो ट्यूशन कर लीं। बाबूजी किसी की दुकान पर बैठने लगे। बड़े कसाले के दिन थे, पर किसी तरह बीत ही गए।

जब दोनों बेटे नौकरी पर लग गए, तो नाते-रिश्तेदारों ने कौंचना शुरू किया कि अब तो लड़की के हाथ पीले करो। क्या जिंदगी-भर घर में बिठाकर रखोगे? इसलिए फिर अट्ठाईस साल की उम्र में छाया की जैसे-तैसे शादी हो गई। जैसे-तैसे इसलिए कि घर-वर बहुत अच्छा नहीं मिला। पर सेंतमेंत में इससे अच्छा क्या मिलता? बाबूजी की सारी शक्ति और पूंजी तो बेटों की पढ़ाई पर खर्च हो गई थी। कहते थे एक लड़का अच्छा निकल जाए तो घर-भर का उद्धार हो जाता है।

कितना अच्छा उद्धार हो रहा है!

दस-पंद्रह दिन बाद की बात है। एक शाम फोन की घंटी बजी। जैसा कि अक्सर होता था। तन्मय ने ही लपककर फोन उठाया और हुलसकर

चिल्लाया–"मम्मी, मामा का फोन है, बोस्टन से।"

और कोई दिन होता, तो छाया ललक के साथ उठती। यह फोन उसने तन्मय के मामा लोगों के लिए ही लगवाया था। किसी और के घर जाकर फोन लेना बेहद अखरता था। अपनी विपन्नता का बोध उस समय और भी तीव्रता के साथ होता था। इसीलिए जरा-सी सुविधा होते ही उसने फोन लगवा लिया था।

तन्मय ने जब दूसरी बार आवाज दी, तो वह बड़े बेमन से उठी और बड़ी बेजारी के साथ उसने कहा–"हलो।"

पर परली तरफ असीम तो उल्लास की प्रतिमूर्ति बना हुआ था। उसके हर शब्द से कृतज्ञता जैसे छलकी पड़ रही थी–"ओ दीदी, यू आर सिंपली ग्रेट।" मुझे मालूम था, मैं तुम पर भरोसा कर सकता हूं। तुम नहीं जानतीं, तुमने मेरे दिल का कितना बड़ा बोझ हलका कर दिया है। मैं तुम्हें ठीक से धन्यवाद भी नहीं दे पा रहा हूं, क्योंकि मेरे पास शब्द ही नहीं हैं।"

जब वह बहुत देर तक इसी तरह बोलता रहा, तो उसने सपाट स्वर में कहा–"असीम, तुम क्या बोल रहे हो, मेरी तो कुछ समझ में नहीं आ रहा।"

"आय नो, यू वांटेड इट, टु बी ए सरप्राइज। तभी तुमने मेरे पत्र का उत्तर नहीं दिया। सचमुच, इट वाज ए प्लेजेंट सरप्राइज। आज ही अमित का ई-मेल आया है। लिखा है, कि जीजाजी 8-10 दिन में आकर मां को ले जाएंगे।"

छाया ने आग्नेय नेत्रों से पति की ओर देखा, बोली–"लो धन्यवाद ज्ञापन जो भी करना है, अपने जीजाजी से करो। क्योंकि मैं तो इस विषय में कुछ जानती नहीं।"

मजबूरन प्रमोद को उठकर फोन लेना पड़ा–"हलो असीम, कैसे हो भाई?... अरे कमाल करते हो। इसमें धन्यवाद की क्या बात है। यह तो मेरा फर्ज था। हमें अपने सुख-दुःख आपस में ही तो बांटने होंगे। कोई दूसरा थोड़े ही आएगा।... नो, नो, जेंटलमैन। मेरे सामने पैसे की बात मत करो। मालूम है, तुम बहुत बड़े आदमी हो, पर यह जान लो कि मां मेरे घर पेइंग गेस्ट बनकर नहीं रहेंगी। दाल-रोटी जो हम खाते हैं, उन्हें खिलाएंगे। जो बन पड़ेगी सेवा करेंगे। यह समझ लो कि जब तक जिंदा हैं, मेरे पास तुम्हारी अमानत हैं। बाद की तुम जानो, जैसा चाहो धूमधाम से उनका कारज करना।...नहीं, नहीं, नाराज नहीं हूं। सिर्फ अपनी बात कह रहा हूं। अच्छा गुड नाइट।"

छाया, उनके रिसीवर रखने की बाट ही जोह रही थी। एकदम फट पड़ी—"वह हमारा आपस का मामला था। आपको बीच में दखल देने की क्या जरूरत थी?"

"क्या शादी के इतने साल बाद भी तुम्हारा-मेरा मामला अलग-अलग होगा?"

छाया कटकर रह गई। फिर भी तुनककर बोली—"मुझसे पूछ तो सकते थे?"

"तुम्हारा दिमाग ठिकाने पर था? इन पंद्रह दिनों में तुमने किसी से सीधे मुंह बात नहीं की है। बात-बात पर काट खाने को दौड़ रही थीं। तन्मय से पूछो, उस पर क्या गुजरी है?"

बात शायद ठीक ही थी। उसका मूड सचमुच इन दिनों बेहद उखड़ा हुआ था।

"वे लोग तो यही समझेंगे कि आपने पैसे के लालच में यह बड़प्पन लिया है?"

"मैंने असीम से क्या कहा, तुमने सुना नहीं?"

"इतना दरियादिल बनने की भी जरूरत नहीं थी।"

"दोनों बातें तुम्हीं कहोगी?"

"मेरा मतलब यह था कि वे लोग समर्थ हैं। अपनी मां का खर्च उठा सकते हैं।"

"पर मां को नहीं रख सकते। देखो, मां अगर इस घर में आएंगी तो मेरी शर्तों पर ही आएंगी। वे लोग धन्ना सेठ होंगे, पर मैं भिखारी नहीं हूं।"

"इसमें भिखारी होने का क्या सवाल है? वो लोग अपनी मां..."

"देखो, ये अपना-पराया भाव मेरे मन में नहीं है, होता तो मैं यह प्रस्ताव ही नहीं रखता। तुम्हारे भाई उन्हें चाहे जहां पटक आते, मुझे परवाह नहीं होती। पर यही तो मुझमें कमजोरी है। मुझसे यह सहन नहीं हुआ कि तीन-तीन बेटों के होते हुए मां वृद्धाश्रम में रहें।"

"तीन-तीन बेटे?"

"क्या? दामाद भी तो बेटे की तरह होता है। मुझे अगर यह दर्जा न देना चाहो, तो न सही। पर तुम भी बेटे से कम नहीं हो। पिता के साथ कंधे से कंधा मिलाकर तुमने गृहस्थी की गाड़ी खींची है। यही समझ लो, तुम्हारा यज्ञ

अभी पूरा नहीं हुआ है।''

''आप अभी मेरी मां को ठीक से जानते नहीं हैं, इसलिए...''

''छाया, मां सिर्फ मां होती है। वह अच्छी या बुरी नहीं होती। बस मां होती है। मैं नहीं जानता मां को लेकर तुम्हारे मन में क्या आक्रोश है। पर अब वे पचहत्तर पार कर चुकी हैं। उन्हें सारे आरोपों से बरी कर दो। कोई भी अपराध इतना बड़ा नहीं होता कि उम्र के इस पड़ाव पर व्यक्ति को देश-निकाला दे दिया जाय। मां ने तुम्हें कुछ भी न दिया हो, पर जन्म तो दिया है। उसका कर्ज तो उतारना पड़ेगा, समझ लो, यही मौका है।''

''और वे दोनों क्या आसमान से टपके हैं? उन्हें कोई कर्ज नहीं व्यापता? वे तो एकदम आजाद हो जाएंगे।''

''ऐसी आजादी भी किस काम की, कि खुद अपने से ही शर्मसार होना पड़े। बाहर चाहे कुछ भी कहते रहें, पर देखना, उनकी आत्मा उन्हें सदा कचोटती रहेगी। अगर तुम भी उनकी जमात में शामिल हो गईं, तो यही होगा, कभी अपने आपसे नजरें नहीं मिला सकोगी। खुद को माफ नहीं कर पाओगी।''

प्रमोद शायद ठीक ही कह रहे थे। पिछले पंद्रह दिन इसी ऊहापोह में तो बीते हैं। वह कोई निर्णय नहीं ले पा रही थी, पर प्रमोद को निर्णय लेने में जरा भी वक्त नहीं लगा। न उनके मन में कोई दुविधा थी, न दुराग्रह। दर्पण की तरह स्वच्छ-पारदर्शी मन है उनका।

फिर भी एक शंका तो थी ही। उसने कहा–''मां को बड़ी शान से ले तो आएंगे, पर क्या उन्हें उतनी सुख-सुविधा दे पाएंगे?''

''मुझे नहीं लगता, मां इस समय सुख-सुविधा की भूखी होंगी। जैसा कि इस समय उस घर का माहौल है, मुझे लगता है, उन्हें सिर्फ प्यार की चाहत होगी। वे बस थोड़े से आदर-मान के लिए तरस गई होंगी। और इन चीजों की अपने घर में तो कोई कमी नहीं है।''

''और आपके रहते हो भी नहीं सकती। मां ने अनजाने ही सही जरूर कुछ पुण्य किए होंगे, तभी तो आप जैसा बेटा पाया है।''

वे हंस दिए–शांत, सरल, स्निग्ध हंसी। उस हंसी ने उसके हृदय का सारा ताप सोख लिया। पिछले पंद्रह दिनों से मन में एक भट्टी-सी सुलग रही थी। अब सब शांत हो गया था।

समापन

नहाकर निकली ही थी कि दरवाजे पर दस्तक हुई। गाउन पर तौलिये को दुपट्टे की तरह डालकर बिन्दु ने दरवाजा खोला—मिश्रा अंकल थे।

"कब आईं बिटिया। अभी बाजार से लौटा तो देखा ताला नहीं है। सोचा पूछता चलूं। खाना-वाना खा लिया?"

"अभी कहां अंकल ! अभी तो नहाकर निकली हूं। ये समझ लीजिये हफ्ते-भर का इकट्ठा नहाई हूं। अब फुरसत से खाना बनाऊंगी।"

"बनाओगी क्यों? वहीं चली चलो, दो कौर हमारे साथ खा लेना।"

बिन्दु ने मना नहीं किया। खाना बनाने का जरा भी उत्साह नहीं था। वह तो आज का दिन चाय ब्रेड पर ही गुजारने का सोच रही थी, अंकल ने उबार लिया। वे आंटी को खबर करने घर चले गये। बिन्दु ने किसी तरह भीगे बालों को तरतीब दी, सूट पहना और ताला डालकर पड़ोस में जा बैठी। खाना तैयार ही था।

खाना खाते हुए वह हुलस-हुलसकर अपनी दक्षिण यात्रा के बारे में सुनाती रही। नौकरी करते हुए उसे बारह साल हो चले थे पर अब तक कभी एल. टी. सी. का लाभ नहीं ले सकी थी। मां-बाबूजी को छोड़कर कहां जाती!

पिछले साल बाबूजी नहीं रहे। मां भी बड़े भैया के पास चली गईं। अब जाकर उसे खुलकर सांस लेने का मौका मिला था। उसने खूब एन्जॉय किया था।

बोलते-बोलते वह अचानक रुक गई। उसने अनुभव किया कि अंकल आंटी उसे सुन भर रहे हैं—वह भी बेमन से। उन्होने कोई प्रतिक्रिया व्यक्त नहीं की। ऐसा तो कभी हुआ नहीं। उसे संकोच हो आया, वातावरण में उसने एक अदृश्य

तनाव महसूस किया। फिर खाने से भी मन हट गया। हाथ धोते हुए बोली, ''अब घर जाकर तनकर सोऊंगी इतना थक गई हूं। आंटी आप नहीं खिलातीं तो मैं भूखी ही सो जाती।''

''आंटी के रहते भूखी सो जाती, वाह!'' आंटी ने उलाहना दिया, ''अच्छा थोड़ी देर बैठ तो। जरूरी काम है।''

इलायची मुंह में डालकर वह सोफे पर पसर गई। अंकल एक कागज लेकर आये, ''जानता हूं बेटे, तुम बहुत थक गई हो। पर यह दिखाना भी तो जरूरी था।''

वह उठ बैठी। कांपते हाथों से उसने कागज हाथ में लिया। टेलीग्राम था। उसका मन धक् से रह गया। टेलीफोन के इस युग में यह टेलीग्राम क्यों? खोलकर देखा, मदर एक्सपायर्ड....राकेश।

बहुत देर तक वे अक्षर उसके आसपास चक्कर काटते रहे। दोनों हथेलियों में सिर डालकर वह पत्थर की मूर्ति की तरह बैठी रही। रुलाई गले तक आ रही थी पर उसे जैसे बाहर आने की राह नहीं मिल रही थी। आंटी उसके पास बैठकर धीरे-धीरे उसके सिर पर हाथ फेरती रहीं। दोनों पति-पत्नी समझ रहे थे कि इस समय शब्द बेमानी हैं।

''यह खबर कब आई?'' बड़ी देर बाद उसने संयत स्वर में पूछा।

''तार तो कल सुबह मिला है। पर इससे पहले वे शायद तुम्हें फोन पर कान्टेक्ट करने की कोशिश करते रहे हैं। फोन बज रहा था जब नो रिप्लाय होता रहा तब जाकर उन लोगों ने तार दिया है। मैं तुरन्त भागा-भागा तुम्हारे मैनेजर के पास पहुंचा। पर वे बोले, अब खबर करना बेकार है। वैसे भी तुम लोग सुबह पहुंच रहे हो।''

डबडबाई आंखों से उसने कहा, ''इस बार मन हुआ था कि मां के पास ही हो आऊं। पर मेरे जाते ही वह शिकायतों का पिटारा खोलकर बैठ जाती थीं। भैया-भाभी को बहुत बुरा लगता था। अभी बाबूजी की बरसी पर गई थी, यही हुआ।''

''दरअसल उन्हें यहां से भेजना ही गलत था। यहां रहतीं तो दो-चार साल और जी लेती।''

''मैंने नहीं भेजा आंटी, जिद करके गई हैं। बोलीं—तेरी चौकीदारी करते-करते मेरी उमर निकल गई है। बेटे-बहुओं का सुख कब देखूंगी। पोते-पोतियों का लाड़-दुलार कब करूंगी। बड़े हुलास से गई थीं यहां से। साल-भर में ही मोह भंग हो गया। अभी दो महीना पहले तो बाबूजी की बरसी हुई है, अब इन्होंने

भी बिस्तर गोल कर दिया।''

''इतने साल यहां थीं तो खूब भली-चंगी थीं। कभी कुछ नहीं हुआ। साल-भर में ही यह क्या हो गया?''

''आप देखतीं न आंटी तो पहचान भी न पातीं। सूखकर कांटा हो गई थीं।''

''वह तो होना ही था। एक तो बाबूजी का दुख दूसरे घरवालों का व्यवहार।''

''अंकल, बाबूजी का दुख ही सबसे बड़ा था। वे थे तो उन्हें पल-भर की फुरसत नहीं थी। वे चले गये तो जैसे एकदम खाली हो गईं वे। अब उनका अकेलापन बांटने के लिये मैं कितने दिन घर बैठती। नौकरी पर तो जाना ही था। बस मुझ पर गुस्सा हो जाती थीं। कहतीं तुमने बाबूजी के आखिरी समय में बेटों को नहीं बुलाया। क्या पता मुझे भी मरते समय उनका मुंह नहीं देखने दोगी। तुम तो मुझे मेरे बेटों के पास पहुंचा दो—बताइये अंकल अब मुझे क्या पता था कि यह बाबूजी का आखिरी समय होगा। इससे पहले जब-जब भैया लोगों को बुलाया, वे मुझी पर बिगड़ पड़े थे। कहते तुम्हें क्या है बस फोन खटका दिया। कितना पैसा, कितनी छुट्टी बरबाद होती है कुछ पता भी है। अब उनके आने तक बाबूजी ठीक हो जाते थे यह मेरा दोष थोड़े ही है। पर बाबूजी के ठीक होने पर खुश होने की बजाय वे अपने ही पैसों का, छुट्टियों का रोना लेकर बैठ जाते थे।''

''अस्थमा के पेशेंट के साथ यही होता है। सांस उखड़ती है तो लगता है पता नहीं अगली सांस आयेगी भी कि नहीं। एक बार तो राकेश मुझसे भी उलझ गया था। मैंने साफ कह दिया था कि बेटा यह मामला अब इस लड़की के बस का नहीं है। बेचारी घबरा जाती है। इससे अच्छा है अब तुम लोग मां-बाप को अपने पास रखो।''

''अंकल यह बात तो मैंने भी कई बार कही थी। पर मुकेश भैया ने तो हाथ ऊंचे कर दिये थे कि मेरा घर बहुत छोटा है। वहां दो एक्स्ट्रा पलंग लगाने की जगह नहीं है। न ही मेरे पास नौकर-चाकरों की सुविधा है। बड़े भैया से कहो, उनके पास बंगला भी है, काम करने वाले भी हैं।''

''तो बम्बई वाले क्या अपने मां-बाप को समुद्र में फेंक देते हैं?''

''वही तो। बड़े भैया और भी महान—बोले मैं दोनों में से किसी एक को ले जाऊंगा। मेरी बीवी नौकरी करती है। दो को नहीं सम्हाल सकती।''

''नौकरी तुम नहीं करतीं क्या?''

''पर मेरे बच्चे जो नहीं हैं । मेरे पास तो फुरसत ही फुरसत है।''

"बहन की शादी भी नहीं करेंगे ऊपर से बच्चों का ताना देंगे।" आंटी ने वितृष्णा से मुंह बिचका दिया।

"आंटी, मां तो खुद बाबूजी का पूरा काम सम्हालती थीं। मैंने कहा भी कि भाभी को कुछ भी करना नहीं पड़ेगा। पर वे नहीं माने। फिर मैंने ही मना कर दिया। कह दिया कि जैसे होगा सम्हाल लूंगी। अब आपको कष्ट नहीं दूंगी। इस उम्र में दोनों को एक-दूसरे से अलग करने का पाप तो मुझसे नहीं होगा।"

थोड़ी देर कमरे में सन्नाटा रहा। फिर बिंदु एकाएक उठ खड़ी हुई, "अंकल! अभी आपने मोहल्ले में किसी को बताया तो नहीं है ना।"

"नहीं—क्यों?"

"पता चलेगा तो लोग एक-एक करके मातमपुरसी पर आने लगेंगे। मैं थोड़ा सोना चाहती हूँ। रात में फिर गाड़ी पर चढ़ना है। किसी को भेजकर मेरे लिये लखनऊ का एक टिकिट मंगवा सकेंगे प्लीज?"

वापिस लौटी तो घर ऐसे भांय-भांय कर उठा मानो मां की अर्थी अभी-अभी यहां से उठी हो। इतनी देर तक रात से रोकी हुई रुलाई एकदम बांध तोड़कर फूट पड़ी। बिस्तर पर औंधी गिरकर वह देर तक सुबकती रही।

कुछ देर तक रो लेने के बाद वह कुछ प्रकृतिस्थ हुई। मन थोड़ा हल्का हो गया। उसे लगा कि यह रुलाई तो उसके गले में साल-भर से या कि चौदह महीनों से अटकी पड़ी थी। बाबूजी की मृत्यु के बाद तो रोने का भी समय नहीं मिला था। एक तो बार-बार पछाड़ खाती मां को सम्हालना था। फिर भाइयों को, नाते-रिश्तेदारों को खबर करनी थी। उन लोगों के आने तक अंत्येष्टी की पूरी तैयारी करनी थी।

भाइयों के आने के बाद भी वह चैन से कहां बैठ पाई। घर उसका था, व्यवस्था का दायित्व उसी का था। किसी ने उसकी उम्र का विचार नहीं किया। किसी ने यह नहीं सोचा कि बाबूजी उनके पिता भी थे। पिछले बारह सालों से वही उनकी सेवा-टहल कर रही थी, किसी ने उसका दुःख नहीं जाना। किसी ने आंसू नहीं पोंछे। किसी ने उसकी पीठ पर सांत्वना का हाथ नहीं फेरा।

उलटे सब लोग अपना ही रोना लेकर बैठ गये थे। दोनों भाभियां सूजे हुए चेहरे लेकर ही आई थीं। बड़ी भाभी को मलाल था कि वे छोटी बहन की शादी में शिरकत नहीं कर पायेंगी। यूं तो अभी चातुर्मास चल रहा था पर नियोजित वर को यू. एस. ए. जाना था। इसलिए जल्दी में मुहूर्त निकालना पड़ा। क्या पता था कि बाबूजी भी अभी ही मुहूर्त निकालेंगे।

बड़ी भाभी तो अपने बच्चों को मामा के यहां छोड़कर आ गई थीं। पढ़ाई भी होती रहेगी और शादी भी एन्जॉय कर लेंगे। पर छोटी भाभी के बच्चे तो छोटे थे। उन्हें साथ लाना पड़ा था और वे कुड़कुड़ा रही थीं कि उनकी पढ़ाई का बहुत नुकसान हो रहा है।

छोटे भैया भुनभुना रहे थे कि दुनिया चांद पर जा रही है और हम लोग अभी तक तेरह दिनों वाला राग अलाप रहे हैं। इतने दिनों में कोई घात लगाकर घर साफ कर जायेगा तो जिन्दगी-भर रोते रह जायेंगे। छुट्टियां बरबाद हो रही हैं सो अलग। बार-बार पूछ चुके थे कि क्या मेरा रुकना जरूरी है? आखिर तंग आकर मिश्रा अंकल ने कह ही डाला कि "बेटा तुम्हारे बाप मरे हैं। ठीक समझो तो रुको नहीं तो जाने वाले को कौन रोक सका है?"

बड़े भैया अपना अलग राग अलाप रहे थे। बार-बार ऐलान कर रहे थे कि इन ढकोसलों में मेरा विश्वास नहीं है। पांच ब्राह्मणों को खिलाओ और छुट्टी करो।

छोटे भैया का तर्क था कि मरे हुए आदमी पर इस तरह पैसा लुटाने में क्या तुक है? जब दो-तीन बार वे ये जुमला बोल चुके तो बिन्दु ने कह ही डाला, "उनके जिन्दा रहते तो तुमने कुछ किया नहीं। अब मरे पर ही कर दो।" इस बात पर अच्छा-खासा महाभारत हो गया था और छोटे भैया-भाभी जाने वाले दिन तक मुंह फुलाये ही रहे थे।

घर उसका था इसलिये रसोई-घर से लेकर पानी के टेंकर तक का सारा इन्तजाम उसी के जिम्मे था। कपड़े-बर्तन के लिये महरी लगवाना, खाना बनाने के लिये मिसरानी ढूंढना, मेहमानों को टिकाने के लिये घर ठीक करना, टेंट हाउस से बिस्तर और बर्तन मंगवाना—सब जैसे उसी के काम थे। उसके कर्तव्यों की सूची बहुत लम्बी थी। पर निर्णय का एक भी अधिकार उसके पास नहीं था।

मृत्यु के बाद के अनुष्ठानों में उसकी भी बहुत आस्था नहीं थी। बस उसे यही लग रहा था कि जो कुछ करना है, ढंग से किया जाये। पंडितों के लिये जो सामान आया था वह बहुत ही घटिया था। खाने का मेनू भी बहुत साधारण-सा था। आमंत्रितों की लिस्ट में इतनी काट-छांट की गई थी कि उसे तो रोना आ गया था।

मां बार-बार कहती रह गईं कि कम से कम मोहल्ले-टोले वालों को बुला लो। बाबूजी पर सबकी बहुत श्रद्धा थी। हारी-बीमारी में यही लोग दौड़-दौड़कर आते थे। आधी रात को भी आवाज दो तो दस लोग हाजिर हो जाते थे। पर बड़े भैया ने उनकी एक नहीं सुनी। बोले, "यह कोई खुशी का मौका है जो पूरी बस्ती को दावत दूंगा। तुम्हारे रिश्तेदार ही सौ से ऊपर हो रहे हैं। इससे

ज्यादा का मेरा बूता नहीं है।''

बेचारी मां! मन मसोसकर रह गईं।

मंगल श्राद्ध के बाद जब सब लोग अपने-अपने ठिकानों पर लौट गये बिन्दु को पहली बार बाबूजी की मृत्यु का अहसास हुआ। बारह साल से बिछा उनका पलंग उठ गया था। अलमारी का एक पूरा खंड उनकी दवाइयों से भरा रहता था, वह जगह अब खाली थी। दीवार पर लटका दवाइयों का चार्ट भी निकाल दिया गया था। उनका स्टूल, वहां पर पानी का जग, चश्मा, गीता और रामचरितमानस का गुटका—सब गायब थे।

उन परिचित चीजों के बिना कमरा भांय-भांय कर रहा था। उस दिन केवल मां का खयाल करके वह अपनी रुलाई बड़ी मुश्किल से रोक पाई थी। जानती थी कि अगर मां बिखर गईं तो सम्हालना मुश्किल हो जायेगा।

जब तक वह घर में रही मां को मजबूती से थामे रही। पर छुट्टी भी आखिर कितनी ले सकती थी। एक न एक दिन तो नौकरी पर जाना ही था। उसके बाद मां के लिये वह सूनापन, वह अकेलापन, वह खालीपन असह्य हो उठा। वे बेहद चिड़चिड़ी हो गईं और उनका सारा गुस्सा बिन्दु पर ही उतरता रहा। उन्होंने लखनऊ जाने की रट लगा दी थी। उनकी जिद के आगे हार मानकर एक दिन वह उन्हें लखनऊ पहुंचा आई।

उसे मालूम था कि बहुत गर्मजोशी से उसका स्वागत नहीं होगा। पर इतने ठंडेपन की भी उसने कल्पना नहीं की थी। भैया ने स्टेशन पर ही उलाहना दिया, ''एकदम चल पड़ती हो। कम से कम पहले इंटीमेट तो कर दिया करो।''

''इंटीमेट किया तो था। नहीं तो आप स्टेशन पर कैसे आते!''

''मेरा मतलब है थोड़ा पहले बताना चाहिए। एकदम आ जाने से घर का सेटअप डिस्टर्ब हो जाता है।''

भाभी भी बहुत खुश नजर नहीं आईं। आंखें नचाकर बोलीं, ''मतलब बिन्दु रानी अब अकेली रहेंगी?'' उनकी वाणी से ऐसा ध्वनित हो रहा था मानो बिन्दु रानी सद्यःप्राप्त आजादी का कोई गलत फायदा उठाने वाली है।

इसके बावजूद भी मां अगर वहां खुश रहतीं तो वह उस अपमान को पी जाती। पर दो बार वहां जाना हुआ, दोनों बार मां ने शिकायतों का ढेर लगा दिया। उसने सोच लिया था कि जब उनका मन अच्छे से भर जायेगा, वह मां को ले आयेगी ताकि दुबारा जाने का नाम न लें।

पर अफसोस! मां ने उतनी प्रतीक्षा ही नहीं की।

शाम होते-होते उसके घर पर मिलने वालों का तांता लग गया। हर कोई सांत्वना देने को आतुर, मदद करने को तत्पर। इसी बीच वाजपेयीजी का सचिन उसके लिये टिकिट ले आया था।

गोयल दम्पति उसे जबरदस्ती पांच हजार पकड़ा गये थे। बोले टूर से आई हो, पर्स जरूर खाली होगा। चुपचाप रख लो। सक्सेनाजी की नन्दिता ने उसका बैग जमा दिया था। माथुर साहब उसे स्टेशन पर छोड़ आये थे, साथ में दो-चार लोग और भी थे।

इस आत्मिक विदाई के बाद जब लखनऊ पहुंची तो वहां का वातावरण एकदम विपरीत था। मां की अंत्येष्टी के छह दिन बाद वह पहुंची थी यद्यपि इसमें उसका कोई कसूर नहीं था। पर सबके तानों ने उसे जैसे छलनी कर दिया। उसे मां पर इतना गुस्सा आ रहा था। जीवन में पहली बार थोड़ी मौज-मस्ती की थी। मां से वह भी देखा नहीं गया। उसका मन एकदम विरक्त हो गया। लगा कि इन लोगों से जो भी नाता था, मां-बाबूजी के कारण था। अब वे उसके कोई नहीं हैं। पूरे घर में एक भी कंधा ऐसा नहीं था जिस पर सिर रखकर वह आंसू बहा सकती। उसे लगा इससे ज्यादा अपने तो वे लोग थे जिन्हें वह पीछे भोपाल में छोड़ आई है। खून के रिश्ते भी आजकल कितने सतही हो गये हैं।

उसके बाद बिन्दु मात्र एक तटस्थ दर्शक बनकर सब-कुछ देखती रही। घर में जो कुछ भी हो रहा था वह कहीं से भी उसे स्पर्श नहीं कर रहा था।

तेरही की तैयारी बड़े धूमधाम से हो रही थी। कार्ड छप गये थे। धर्मशाला ठीक कर ली गई थी। क्योंकि निमंत्रितों की संख्या हजार से ऊपर पहुंच गई थी। ग्यारह ब्राह्मणों की टोली बुलाई गई थी। और उनके लिये बेशकीमती सामान जुटाया गया था। भाभी ऐसे हुलास से सबको दिखा रही थीं मानो बेटी का दहेज दिखा रही हैं।

सर्वत्र राकेश बाबू की जै-जैकार हो रही थी और मुकेश भैया का खून सूख रहा था। बोले—"आधा पैसा मेरा भी लगा है पर मजाल है जो भैया ने किसी से जिक्र भी किया हो।"

फिर बेचारे खुद ही सबसे कहते फिरे, "मैंने तो पच्चीस हजार लाकर भैया के हाथ में दे दिये थे। कहा कि आप बड़े हो जो ठीक समझो करो।" उनकी व्यग्रता देखकर दया भी आ रही थी और हंसी भी।

कार्यक्रम के बाद बड़े भैया ने बड़ी ठसक के साथ पूछा—"सब ठीक-ठाक हो गया न!" उससे रहा नहीं गया, बोली—"आपका तो इन चीजों में विश्वास

नहीं था न!"

"विश्वास तो मेरा अब भी नहीं है पर मां का तो था। बाबूजी के समय कुछ ठीक से नहीं हो पाया इसलिये वे जरा उदास थीं। इसलिये इस बार हाथ जरा खुला छोड़ दिया। माताराम खुश हो जायेंगी।"

बिन्दु का मन हुआ कि कहे–"उनके सामने करते तो कोई बात थी, तुमने तो बाबूजी की तेरही में भी हाथ खींच लिया। बरसी भी जैसे-तैसे निपटा दी। अब उनके खुश होने का क्या है। यह तो मन को समझाना भर है।" पर उसने कुछ नहीं कहा। कुछ कहने-सुनने की इच्छा ही मर गई थी।

जिस दिन उसे निकलना था उस दिन भाभी ने बड़े नाटकीय ढंग से उसे एक प्लास्टिक की डिबिया पकड़ाई–"लो भाई, ये अपनी मां की अमानत सम्हालो।"

उसने खोलकर देखा, मां की अंगूठी और कर्णफूल थे। अपना कहने को मां के पास यही कुछ बचा था। बाकी जो कुछ था बेटों की पढ़ाई में और बहुओं के चढ़ावे में निकल गया था। मां एकदम निष्कांचन हो गई थीं। बिन्दु को जब जरा-सी सुविधा हुई उसने सबसे पहले मां के लिये चार चूड़ियां और चेन बनवाई थी। बेटी की कमाई धारण करते हुए मां का मन बहुत रोया था। बार-बार कहती रहीं–मेरे मरने के बाद तुम ही इसे पहनना, किसी को देने की जरूरत नहीं है।

मां को क्या पता था कि भाभी उन चीजों का जिक्र भी गोल कर जायेंगी। उसने वितृष्णा से वे चीजें लौटा दीं। "रख लो भाभी। मैं क्या करूंगी इनका?

"अरे वाह ! मां की यादगार निशानी है। इन्हें कोई लौटाता है।'

"भाभी! मैं तो हमेशा से मां-बाबूजी के पास रही हूं। पिछले बारह सालों से तो मैं ही उन्हें देख रही थी। मेरे पास उनकी अच्छी-बुरी, सैकड़ों यादें हैं। उन्हें याद रखने के लिये इन निर्जीव चीजों की जरूरत नहीं है। बल्कि आप दोनों इन चीजों को मां के बाकी गहनों के साथ अपनी बहू-बेटियों में बांट देना। समझ लेना उनकी दादी का आशीर्वाद है यह।"

इसके बाद उसे लगा कि वह एकदम हलकी हो आई है। उसने यह आखिरी बंध भी तोड़ दिया है। वह एकदम बंधमुक्त हो गई है।